입양으로 아기를 잃은 50만 명의 여성들

HALF A MILLION WOMEN

Copyright © 1992 by David Howe, Phillida Sawbridge, Diana Hinings
Korean edition copyright © 2025 by Antonia's Books
All rights reserved.

Korean translaiton copyright © Antonias Books
This Korean edition published by arrangement with Family Action(PAC-UK) through Shinwon Agency Co., Ltd.

입양으로 아기를 잃은 50만 명의 여성들

1판 1쇄 발행 2025년 11월 10일

지은이 데이비드 하우, 필리다 소브리지, 다이애나 히닝스
옮긴이 권희정, 이태인, 전세희, 조소연
감수 노혜련
편집 김효진
표지 디자인 서주성
펴낸곳 안토니아스
등록 2019년 2월 14일 (제2019-000002호)
주소 서울시 송파구 오금로46길 42, 401호
전화 02-6085-1604
팩스 02-6455-1604
이메일 antoniasbooks@naver.com

ISBN 979-11-968604-2-4 93330

이 책의 한국어 출판권은 신원 에이전시를 통해 저작권자와 독점 계약한 안토니아스 출판사에 있습니다. 저작권법에 의해 한국 내에서 보호를 받는 저작물이므로 무단 전재와 무단 복제를 금합니다.

서구
미혼모
잔혹사
2

―

영국의
미혼모

입양으로 아기를 잃은
50만 명의 여성들

데이비드 하우
필리다 소브리지
다이애나 히닝스
지음

권희정
이태인
전세희
조소연
옮김

노혜련
감수

Antonia's

차례

한국어판 서문	7
출판사 서문	10
1장 미혼모, 그 오래된 이름	15
2장 존재론적 전환의 경계에 선 미혼모	44
3장 미혼 임산부, 주변 사람들, 태어나지 않은 아기	60
4장 결정할 수 없는 결정	87
5장 상실과 함께 살다	112
6장 침묵을 깨고 목소리를 내다	148
7장 도와주는 손길, 경청하는 귀	160
8장 서로 돕고, 서로의 구원이 되다	178
9장 멀고 먼 길을 돌아서	197
10장 과거를 재구성하고, 미래를 변혁하라	216
에필로그	
변화하는 영국 사회와 입양 지형의 변화	222
도움이 되는 단체와 연락처	225
참고 문헌	226
찾아보기	230

일러두기

1. 영문판에서 사용한 'unwed mother', 'unmarried mother', 'mother', 'birth mother' 등은 모두 결혼하지 않고 임신과 출산으로 어머니가 되었으나 아기를 키우지 못하고 입양 보낸 여성을 의미합니다. 한국어판에서는 맥락에 따라 '미혼모', '미혼 엄마', '어머니', '친생모' 등으로 번역했습니다.
2. 인명, 지명 등 외국 고유 명사의 표기는 국립국어원 외래어 표기법을 준용했습니다. 단 다른 표기가 일반화되어 있는 경우에는 해당 표기를 채택했으며, 실제 발음이 외래어 표기법과 현저히 다를 경우에는 실제 발음에 가깝게 표기했습니다.
3. 이 책의 각주는 모두 옮긴이의 것입니다.
4. 인용문 안에 저자가 삽입한 글은 대괄호로 묶어 표시했습니다.
5. 단행본, 보고서, 잡지, 신문에는 겹낫표를, 논문, 드라마, 영화 등에서는 낫표를 사용했습니다.

한국어판 서문

1986년, 이 책의 공동 저자 필리다 소브리지는 영국 런던에 입양 사후 지원 센터Post-Adoption Center[1]를 열었습니다. 그리고 입양에 관련된 개인들—입양인, 입양 부모, 친생 부모—를 위한 선구적인 상담 및 지원 서비스를 제공했습니다. 입양 부모와 입양 자녀가 조언과 지원을 받는 것은 드문 일이 아니었지만, 입양 당사자 중 한 명인 아기를 포기한 친생모는 그동안 아무 도움도 받지 못하고 있었습니다.

하지만 이즈음 입양이 친생모에게 아기를 상실한 슬픔과 과거를 숨기며 살아야 하는 고통, 그리고 죄책감 등 부정적 경험을 남긴다는 인식이 확산되기 시작했습니다. 센터의 상담사들 역시 이러한 사실을 확신하게 되었고, 이는 아기를 잃은 친생모들을 위한 집단 모임을 조직하는 계기가 되었습니다. 오랜 침묵 속에 있던 이들은 한자리에 모여 각자의 경험을 이야기하고, 서로의 이야기를 경청하며 곱씹는 과정을 통해 과거를 되돌아보았습니다.

---

1 이 센터는 입양이 입양인, 친생 부모, 입양 부모 모두에게 전 생애에 거쳐 지속적인 영향을 끼치는 사건임을 인식하고 이들에게 상담 제공과 지원 활동을 하기 위해 영국 런던에서 1986년 처음 문을 열었다. 설립자는 필리다 소브리지이며 이 글의 지은이 중 한 명이다. 현재 입양 사후 지원 센터는 PAC-UK로 전환되어 입양과 관련된 통합 지원 서비스를 제공하고 있다.

이후 필리다는 이 책의 공동 저자인 데이비드 하우에게 센터가 수행한 친생모 대상 프로그램에 대한 검토와 자문을 요청했습니다. 데이비드는 이를 흔쾌히 수락했고, 동료이며 이 책의 공동 저자인 다이애나 히닝스와 함께 연구에 착수했습니다. 조사 결과, 센터가 문을 연 후 처음 3년 동안 전화 상담을 받거나 직접 방문한 친생모 수가 1,196명에 이르렀다는 사실을 알게 되었습니다. 이들의 고통에 공감하고 존재를 인정하며, 실질적인 도움과 지원을 제공하는 일이 분명히 필요해 보였습니다.

이때까지만 해도 친생모의 목소리는 거의 들리지 않았습니다. 1989년 말, 연구를 마무리하고 관련 보고서를 완성한 뒤, 데이비드와 다이애나는 센터를 찾았던 친생모들을 인터뷰하기로 결정했습니다. 인터뷰와 녹음은 대부분 친생모들의 자택에서 이루어졌으며, 질문보다는 스스로 이야기를 풀어가는 방식으로 진행되어 보통 한 시간에서 세 시간가량 이어졌습니다. 그동안 수많은 인터뷰를 했지만, 이때의 경험은 가장 감동적인 순간으로 기억됩니다. 우리는 그들이 보여 준 진정성과 숨김없이 자신의 이야기를 들려준 용기에 깊은 감사를 느꼈습니다.

그들의 이야기는 그 자체로 강렬했고, 그래서 더 많은 사람들에게 반드시 들려주어야 한다고 생각했습니다. 이 책은 바로 그런 경위로 탄생하게 되었습니다. 인터뷰에 응했던 친생모들은 최근까지도 데이비드에게 이메일로 소식을 전하곤 합니다. 일상을 나누기도 하고, 입양 보냈던 자녀가 성인이 되어 자신을 찾아와 재회한 소식을 기쁘게 전하기도 합니다. 또 어떤 분들은 자녀를 양육한 입양 부모와 의미 있는 관계를 이어 가고 있다는 소식을 들려주기도 합니다.

귀한 시간을 내어 주고 자신들의 이야기를 세상에 공개하는 것을 허락히 준 친생모들 덕분에 이 책을 쓸 수 있었습니다. 이 책에 담긴 친생모들의 이야기가 어딘가에서 살아가고 있을 또 다른 친생모들에게도 공감을 불러일으킬 것이라 믿습니다. 입양으로 아기를 잃은 한국의 친생모들에게도 이들의 이야기가 전해지기를 진심으로 바랍니다. 여러분은 결코 혼자가 아님을 기억해 주시기 바랍니다. 모두의 안녕과 평화를 빕니다.

2025년 5월 28일
데이비드 하우와 필리다 소브리지

출판사 서문

영국 사회는 우리의 거울이 될 수 있을까

제2차 세계대전 이후, 서구 사회는 본격적으로 근대 국가를 건설해 나갔다. 전통 사회에서 가능하던 대가족과 친족 공동체는 해체되었고, 부부 중심 핵가족이 이상적인 근대 가족 모델로 부상했다. 이와 함께 결혼 제도 밖의 임신과 출산은 엄격하게 통제되었으며, '미혼모'라는 새로운 인구 집단이 형성되었다. 성별화된 사회는 여성의 몸에 낙인을 찍는 방식으로 제도 밖의 성과 재생산을 통제했고, 미혼 여성의 양육 권리는 부정되었으며, 미혼모의 아기는 결혼한 부부의 가정으로 보내는 방식으로 '처리'되었다. 그리고 혈연 공동체 안에서 이루어지던 전 근대적 입양은 비혈연 관계의 아동을 법적 부부의 친자로 맺어 주는 근대적 입양 제도로 전환되어 갔다.

법적 부부와 자녀로 구성된 '정상 가족'을 보호하기 위해 아동의 출처로서 미혼모는 철저히 익명화되었다. 반면 아동은 '비정상' 가정에서 '정상' 가정으로 비밀리에 이동됨으로써 친생부모의 정보도, 출생에 관련된 서사도 모두 잃게 되었다. 그리고 미혼모로부터 분리된 아기에게는 '유기' 아동이라는 새로운 신분이 주어졌다.

각 나라마다 다르나 제2차 세계대전 이후부터 1970년대 말까지 미혼 출산을 이유로 아기를 입양 보내야 했던 여성은 몇십만에서 몇 백만에 이르는 것으로 추정된다. 이 시기를 '아기 퍼가기 시대'Baby Scoop Era 또는 '강제 입양 시대'Forced Adoption

Era라고 부른다.

　대한민국은 어떤가? 미혼 여성의 임신과 출산에 낙인을 찍고 그 자녀를 대규모로 입양 보내 온 우리 입양의 역사도 이와 유사하다. 한국 전쟁 이후부터 최근까지 해외로 입양 보내진 아동만 20만 명이 넘는다. 여기에 국내 입양과 비공식적으로 입양 보내진 아동을 합하면 아마도 이 책의 제목처럼 족히 50만 명의 여성이 입양으로 아기를 잃었을 것으로 추정하는 것도 무리는 아닐 것이다.

　이 책은 1992년 영국에서 출간되었다. 지금으로부터 30년도 더 된 책을 2025년 대한민국에서 내는 이유는 단 한 가지다. 미혼 임신의 낙인과 입양 중심의 아동 복지 역사를 끝내고, 결혼 여부와 상관없이 아이를 양육하고, 친생모와의 관계를 완전히 단절하지 않는 '열린 입양'으로 전환해 가던 1980년대와 1990년대 초 영국 사회의 변화를 담은 이 책이 여전히 원가족과 아동의 분리, 시설 보호와 입양을 유일한 해법처럼 여기는 우리 사회에 작지만 의미 있는 변화를 가져오는 데 도움이 되기를 바라는 마음에서였다.

　영국에서 입양은 단발성 사건이 아니라 평생에 걸쳐 영향을 미치는 일임을 인식하고 1986년 입양 사후 지원 센터를 열고, 아무도 관심을 갖지 않았던 오래전 입양을 보낸 미혼모들을 대상으로 집단 상담을 하기 시작했는데 이 점이 특히 인상 깊었다. 그리고 그들의 목소리에 귀 기울이고 고통에 공감하며 함께한 사회복지사들의 모습과 입양 삼자 모델에서 완전히 비가시화되었던 친생모들을 인터뷰하고 그들의 존재를 드러낸 저자들에게도 존경심이 일었다.

　이 책이 어딘가에 있는 입양 보낸 친생모들에게 위로와 용기가 되기를 희망한다. 아기를 포기하고 입양 보낸 것을 자책하고 있다면 이 책 속의 미혼모 당사자들처럼 자신의 잘못이 아니었음을 알고 수치심과 죄책감에서 벗어날 수 있기를 바란다.

그리고 우리 사회도 미혼모 또는 취약한 임산부를 위한 복지가 더 이상 그들로부터 아기를 영구적으로 떼어내는 방식으로 실천되지 않기를, 그리고 부모의 정보도 출생에 관한 서사도 모두 지워 버리고 생명을 구했다고 자랑스럽게 떠벌리는 사회에서 아동이 자라나지 않도록 정부와 전문가 그리고 국회 모두가 아동 복지에 대한 관점을 전환해 가기를 희망한다.

선진국의 제도를 검토할 때 우리는 쉽게 미국의 제도를 참조하는 경향이 있다. 하지만 다양한 나라의 정책을 비교 검토한 뒤 정책을 수립할 필요가 있다. 서구 선진국이라도 나라에 따라 정책은 다른데 특히 미국과 영국이 많이 다른 것 같다. 예를 들면 미국은 1999년 특정 장소에 아동 유기를 허락한 '안전한 피난처 법' Safe Haven Law을 도입했지만, 영국은 결코 이와 같은 법은 도입하지 않고 있다. 몇 번의 국민 청원이 있었으나 동의한 사람이 적어 폐기되었다. 정부 담당자도 아동 보호 현장의 사람들도 입을 모아 애초에 아기를 버리지 않게 하는 제도를 강화하고 예산을 마련하는 것이 더 중요함을 설파한다.

미국에서는 안전한 피난처 법이 통과한 이래 버려진 아기가 4,500명에 이른다. 영국은 1998년에서 2005년 사이 16명의 유기 아동이 발생했다고 하니 합법적으로 버리게 하는 것보다 버리지 않도록 지원을 강화하는 것이 어느 모로나 나아 보인다.

그러나 대한민국은 미국처럼 아동의 합법적 유기를 인정한 보호 출산제를 2024년에 도입했다. 최근 보도에 따르면 제도가 시행되고 현재까지 약 14개월 동안 133명이 보호 출산을 선택했다. 보호 출산으로 태어난 아동은 아동 복지 시설 아니면 입양 가정으로 보내진다. 부모에 대한 정보는 익명으로 처리된다. 정부는 위기 산모에게서 태어난 아기를 안전하게 구하는 것이므로 보호 출산은 아동 유기가 아니라는 입장이다. 하지만 원가정에서 이탈되는 아동의 입장에서 보면 여전히 유기된 것이다.

위기 산모가 아기를 버리지 않도록 산모와 아기를 함께 보호하는 방법을 마련하는 것은 불가능할까? 이 책에서 다루는 20세기 말 영국 사회에서의 변화를 보고 우리도 그 가능성을 고민하고 아동 복지의 방향을 전환해 가기를 희망한다. 여러 사유에서 버릴 수밖에 없는 아이를 구하는 것이 무슨 잘못이냐고 할 수 있다. 구하는 것이 잘못이 아니라, "여러 사유"가 무엇인지 알지 않으려 하고 그것을 예방하거나 해결하고 돕는 방편을 고민하지 않는 것이 잘못이다.

위기 임산부와 그 자녀의 헤어짐이 최선인 사회에서 살아가는 것은 전혀 자랑스럽지 않다. 우리 사회가 취약한 가정과 위기 임산부를 돕고, 미혼 임신, 출산, 양육에 대한 낙인을 없애고 지원을 강화하는 보다 성숙한 사회로 나아가는 데 이 책이 작은 보탬이 되기를 희망한다.

2025년 10월
안토니아스 대표 권희정

1장

미혼모, 그 오래된 이름

아기를 입양으로 잃은[1] 여성 대부분은 입양을 결정해야 했던 순간을 삶에서 경험한 가장 힘들었던 순간으로 기억한다. 결혼하지 않았는데 임신을 했다? 진퇴양난이다! 특히 어릴수록 그렇다. 어떤 결정을 내려도 도덕적으로 비난받고 가장 가까운 사람들의 노여움을 산다. 신성한 결혼 제도 밖에서 성관계를 가졌음을 대놓고 말하는 것이기 때문이다. 만약 여성이 아기를 키우겠다고 하면 사람들은 이렇게 말한다. 아기 인생을 시작부터 망칠 것이냐고. 학업, 취업, 결혼은 어떻게 할 것이며 인생의 가장 좋은 시간을 아기를 키우며 보낼 것이냐고. 그런데 아기를 포기하고 입양 보내도 세상은 가혹하다. 엄마로서 또 여성으로서 실패했다고 느끼며 산산조각난 마음과 삶의 파편을 다시 주워 모으려 애쓰는 미혼모에게 사람들은 '제 자식을 입양 보내다니, 이기적인 결정을 했다'고 비난한다. 어떤 결정을 내려도 비난은

---

1 "아기를 입양으로 잃은"이라는 표현은 1970년대 후반 서구에서는 일어난 '진실한 입양 언어'(HAL: Honest Adoption Language) 사용하기 운동에서 시작되었다. 이 운동은 당시 입양에 대한 편견을 없애고 입양에 관련된 용어를 긍정적으로 바꾸자는 '긍정적 입양 언어'(PAL: Positive Adoption Language) 운동에 대한 저항으로 일어났다. '진실한 입양 언어'를 옹호하는 입장에 따르면, '긍정적 언어'는 입양으로 인해 헤어지게 된 미혼모와 입양인의 경험을 은폐한다. 따라서 이들은 '아기를 입양 보낸'이 아닌 '아기를 입양으로 잃은'이라고 표현해야 한다고 주장한다.

피하기 힘들다. 따라서 입양이 이들에게 가장 어렵고 고통스러운 결정이었다는 것은 놀라운 일이 아니다.

그런데 여기까지는 모두가 아는 사실이다. 정작 우리는 이 여성들이 어떤 경험을 하고 어떤 삶을 살았는지 알고 있나? 놀랍게도 최근까지 이 여성들의 삶에 대해 알려진 바는 거의 없다. 근대적 입양은 다음 두 단계를 거쳤다. 처음에 입양은 불임의 기혼 여성의 욕구를 충족하기 위한 것이었다. 이후에는 아동의 이익을 우선 고려하는 관점으로 전환되었다. 즉 아기가 입양 부모에게 무엇을 줄 수 있는지가 아니라 입양 부모가 아기에게 무엇을 줄 수 있는지가 더 중요해졌다. 그러나 이러한 변화 속에서도 아기를 출산한 미혼모의 욕구는 전혀 고려 대상이 아니었다. 고려했다 하더라도 혼외 출산을 한 아기로 인해 겪게 될 고통에서 벗어나게 해 주고, 좋은 가정과 사랑이 넘치는 부모에게 아기를 보내는 것이 미혼모를 위한 것이라는 정도였다. 아기가 입양된 후 관심은 새롭게 형성된 입양 가족에게로 옮겨가고 친생모는 사라진다. 기억에서 사라질 뿐 아니라 심지어 존재마저 부정당한다. 미혼모는 '입양 삼자 모델'[2]에서 소외된 채 방치된다. 아기가 자라서 자신의 출생에 관한 질문을 하기 시작할 때 친생모의 존재는 다시 드러나지만, 아기를 입양 보낼 당시 모습 그대로이다.

입양으로 아기를 잃은 여성을 무엇이라고 부를까. 적당한

---

2 입양 삼자 모델은 입양에 관련된 세 명의 당사자 즉 친생 부모, 입양인, 입양 부모로 이루어진다. 이는 입양을 단순히 아동과 입양 부모 두 당사자만의 관계로 보지 않고 친생부모의 존재를 인식하게 만든 중요한 프레임으로, 『입양 트라이앵글』(Sorosky, Baran and Pannor, 1978)이라는 책에서 처음 언급되었다.

호칭이 없다. 이는 다양한 생각과 감정을 불러일으키는 풍부한 어휘로 인간관계를 맺으며 살아가는 세상에서 통상적인 일이 아니다. 연인, 정부, 바람둥이, 매춘부, 추정 친부putative fathers, 계모, 한부모, 고아 등과 같은 호칭은 존재하나, 아기를 포기하고 다른 사람에게 기르게 한 여성을 부르는 간단명료한 단어는 없다. 호칭의 부재는 아기가 입양된 후 아기 엄마는 조용히 사라져 주기를 바라는 사회적 기대가 있음을 보여 준다. 즉 사회는 이 여성들에게 침묵을 요구하는 것이다. 이런 사회에서 자신이 낳은 아기를 위해 할 수 있는 가장 이타적인 행위는 아기를 보내고 아기에 관한 모든 것을 잊는 것이다. 아기를 포기한 후 엄마로서 역할은 더 이상 없다. 따라서 그녀를 부르는 호칭은 없다. 엄마지만 아기가 없으니 엄마가 아니라는 것이다.

 한동안은 '친모'natural mother라는 말을 사용했지만 입양 부모 쪽에서 반대했다. 아기가 새로운 가정에 입양되면 입양모가 그 아기의 친모이고 자기가 낳은 아기를 포기하고 양육하지 않는 행위는 엄마로서 '자연스럽지 않은'unnatural 일이므로 '친모'로 불릴 자격이 없다는 것이었다. 오늘날은 아기를 포기한 어머니를 '생모'birth mother라고 부르는 추세다. 그런데 이 호칭은 아기를 포기한 특별한 경험을 드러내지 않는다. 왜냐하면 아기를 가진 모든 여성은 아기를 출산한 '생모'이기 때문이다. 입양으로 아이를 잃은 여성에게 호칭을 부여하는 것은 그들의 이야기를 되찾고 경험을 들여다보기 위한 우리 여정의 첫걸음일 뿐이다. 이들의 삶은 너무도 자주 익명적이며 알려진 바가 거의 없다. 이 책은 입양으로 아기를 잃은 어머니들에게 목소리를 주고, 그들의 경험과 처한 상황을 알리고, 무엇보다 그들의 이야기에 공감하기 위해 기획되었다.

1. 오십만 명의 여성들

영국에는 입양으로 인해 아기를 잃은 여성이 최소 50만 명에 달한다.[3] 일반적으로 국내 입양인 수가 어린아이부터 노인까지 약 75만 명에 이른다고 본다. 따라서 50만 명이란 수치는 보수적인 추정치이고 많게는 60만 명 이상일 수도 있다. 이 추정치에 따르면 여성 25명 중 약 1명이 아기를 입양 보냈다. 과거 미혼모 대부분은 입양을 선택했으므로 연령이 많은 여성 집단만을 놓고 본다면 입양 비율은 더 높게 나타날 것이다.[4]

1970년대 들어 대규모로 발생했던 입양은 점차 감소 추세로 돌아섰다. 이는 가족, 혼외 출산, 자녀 양육 방식을 바라보는 관점에 변화가 있었음을 말해 준다. 1968년 잉글랜드와 웨일스에서 비혈연 가정으로의 입양은 사상 최고치인 16,164건을 기록했다. 이 중 영아의 비율은 76%나 되었는데 이는 1,000명당 15명에 해당한다. 하지만 이후 입양 건수도 영아 입양도 감소했다. 1984년(정부 부처에서 일반적으로 유의미한 세부 정보를 담은 입양 통계를 작성한 마지막 해), 입양은 4,189건으로 감소했고 그중 영아는 43%, 천 명당 3명에 불과했다.

1970년대와 1980년대를 비교해 보자. 1970년 혼외 출생 아동은 64,744명(8%)이었고 이 중 13%의 영아가 입양되었다. 그

---

3   저자들에 따르면 "50만 명"은 1945년에서 1990년까지 입양된 아동 수에 대한 정부 공식 통계를 바탕으로 계산한 대략적인 수치이다.
4   1945년부터 1970년대를 말한다. 당시 영국에서는 미혼모에게 아기 포기와 입양을 강권하는 아동 복지가 실천되었다. 더 상세한 내용은 Joint Committee on Human Rights 2022 "The Violation of Family Life: Adoption of Children of Unmarried Women, 1949-1976"을 참조할 것.

러나 1984년에는 110,465명(17%)의 혼외 출생 아동 중 1.5%의 영아만이 입양되었다. 비혼 여성의 출산은 이후 계속 늘어 1987년에는 23%로 증가했다. 이처럼 1980년대로 접어들며 비혼 출산은 늘고 영아 입양은 줄어드는 특징을 보인다.

또한 혼외 출생 아동을 부르는 호칭에도 변화가 생겼다. 보다 품위와 법을 준수하는 사회로 변화해 가며 수 세기 동안 사용되던 '후레자식'bastard은 '사생아'illegitimate라는 용어로 대체되었다. 더 최근[5] 공식적 문서에는 '결혼 밖 출생'birth outside of marriage이라는 용어를 사용한다. 그런데 이 용어는 여전히 '혼외자'born out of wedlock라는 말을 연상시켜 시대에 뒤떨어진 느낌을 준다. 그럼에도 불구하고 호칭의 변화는 미혼모와 그 자녀에 대한 사회적 낙인이 예전보다 감소되었음을 방증한다. 오늘날 결혼하지 않고 함께 사는 커플이 자녀를 낳으면 '결혼 밖 출생'으로 표시된다. 이제 많은 여성은 의식적으로 그리고 의도적으로 미혼모가 되기를 선택하고 자녀를 낳으면 '결혼 밖 출생'으로 신고한다. 이들을 둘러싼 사회적 분위기는 훨씬 더 관대하고 수용적이다. 이러한 변화 속에 여성들이 결혼할 필요성을 느끼지 않고도 아기를 갖고, 결혼 제도로 맺어진 파트너가 없어도 아기 양육을 선택한다. 이제 결혼 밖 출생은 증가하는 반면 입양 아동 수는 감소하는 시대가 되었다.

2. 사회 문화적 맥락과 미혼모의 경험

지난 30년간 입양 실천이 변화해 온 패턴을 보면 성, 출산, 부모

---

[5] 이 책이 출간되었던 1992년 당시를 의미한다.

됨에 대한 인식은 결코 고정적이지 않았다. 어떤 사회에서는 입양이 흔히 일어나거나 거의 일어나지 않는 일일 수도 있다. 또 어떤 사회에서는 입양이 비밀리에 이루어지거나 공개적으로 이루어질 것이다. 미혼모의 경험은 주류 사회가 입양을 바라보는 방식에 따라 달라진다. 일반적으로 입양이 유연하고 개방적으로 이루어질수록 미혼모는 분노와 스트레스를 덜 경험한다. 즉 미혼모를 둘러싼 사회 문화적 맥락은 아기를 포기하고 입양을 결정하는 과정을 통과하는 미혼모의 경험에 영향을 미친다. 왜냐하면 미혼모는 그 시대의 언어와 관념 속에서 자신에게 일어난 일과 앞으로 해야 할 일을 이해하기 때문이다.

입양 실천은 시대와 문화에 따라 다르다. 친생모의 경험을 이해하기 위해서는 문화적 맥락과 입양에 대한 사람들의 생각을 살펴보는 것이 도움이 된다. 만약 지역 사회가 미혼 여성의 임신을 있는 그대로 받아들이고 필요한 지원을 한다면 이 여성은 아기를 직접 양육하기로 결정할 가능성이 높다. 핀치벡(Pinchbeck, 1954)에 따르면 중세 영국에서 사생아는 문제시되지 않았다. 그들은 어머니 쪽 친족 공동체가 양육했다. 아기를 출산한 미혼 여성에 대한 처벌도 낙인도 거의 없었다. 단지 상속권은 없었다. 하지만 이후 장자만이 상속권을 갖는 관행이 점차 확산되며 장자를 제외한 다른 적출 자녀들도 사생아와 같이 상속권이 없는 불이익을 받는 것은 마찬가지였다.

미혼모와 '죄의 씨앗' 사생아 처벌하기

하지만 이러한 관용의 분위기는 오래가지 못했고 미혼모와 그 자녀에 대한 인식은 서서히 변했다. 경제적 능력과 도덕성이라는 잣대를 들이댔다. 미혼모와 아기는 두 가지 기준을 다 충족하지 못했다. 자본주의의 영향으로 사회와 경제가 변함에 따라 한때 가정 경제의 자산이거나 땅을 일구는 데 유용했던 가족 구성원이 공장에서 유급 일자리를 얻지 못하면 가족의 짐이 되게 되었다. 이로써 어린아이, 환자, 노인은 부양 가족으로서 가족의 수입을 축내는 존재로 여겨지게 되었고, 자녀는 전적으로 부모가 감당해야 할 부담이 되었다. 대가족은 더이상 자원이 아니었고 가족 지원도 기대할 수 없게 되었다. 따라서 부모는 오직 자기 자녀만 책임지려 했고, 비록 사생아라 하더라도 돌봄을 받는 것이 가능했던 이전의 사회 체계는 사라지기 시작했다. 티자드는 "이런 사회"에서 "'자기 자녀'와 타인의 자녀에게 주는 돌봄과 사랑의 크기는 매우 다르고, '부모' 없는 아동은 심각한 차별을 받는다"(Tizard, 1977: 2)는 점에 주목했다. 주변의 도움이 없어 홀로 아기를 키워야 하는 미혼모는 교구와 빈민법Poor Law Act의 도움을 요청할 수밖에 없게 되었고 요보호 아동으로 분류된 아기는 심한 차별을 받았다.

16세기 청교도주의 윤리가 삶의 구석구석까지 퍼져 나갔다. 미혼모와 사생아는 공동체의 도덕성을 나타내는 지표로 간주되었고, 교회는 남녀 관계를 더욱 엄격하게 제한했다. 성욕은 "원죄"로 규정되었고, 오직 "성스러운 혼인"을 한 상태의 성관계만이 허용되었다. 결과적으로 혼외 성관계는 부도덕하고 마땅히 "죗값"을 치러야 한다는 생각이 자리 잡았고 미혼모와 아기 모두에게 낙인을 찍고 수치심과 죄책감을 느끼게 했다. 혼외자는 도덕적으로도 경제적으로도 문제가 되었다. 핀치벡이 인용한 1576년 빈민법 서문은 당시 미혼모와 사생아에 대한 인식이 어떠했는지 잘 보여 준다.

적법하게 결혼하지 않은 부모가 (신과 인간의 법을 거스르고) 출산한 사생아는 교구가 책임지게 되므로 교구의 큰 부담이 된다. 그리고 이들은 정말 교구의 도움이 필요한 취약한 사람과 노인에게 돌아갈 구제 지원금을 축낸다. 또한 음란한 생활을 부추기는 나쁜 사례가 되므로 이를 명령하고 제정하는 바이다.[6] (Pinchbeck, 1954: 315)

이처럼 결혼하지 않은 상태에서 일어나는 모든 성적 관계와 그로 인해 태어나는 아기는 가장 심각한 문제였다. 미혼모를 비난하고 처벌함으로써 결혼 제도를 강화하고 사생아를 돌보는 데 드는 교구의 비용 부담을 줄이고자 했다. 실제 사생아 출산은 공동체에 해가 되는 심각한 범죄로 여겨졌는데, 특히 미혼모와 아기를 돌보는 비용이 교구의 몫이 될 때 더욱 그랬다.

교구의 부담이 되는 사생아를 낳은 음탕한 여성에게 치안 판사는 1년간 교정원 수감 명령을 내리고 강제 노동에 종사하게 해야 한다. (The Statute of 7 James, cap.4 [1610], Macfarlane, 1980: 73 재인용)

빈민법은 미혼모에게 가혹하고 굴욕감을 느끼게 해야 한다고 생각했다. 그렇지 않으면 가난한 사람들이 더 쉽게 아기를

---

6 사생아를 낳은 친생모에게 1년간 교도소에 감금하고 노동하도록 규정하고, 추정 친부에게는 부양 책임을 지도록 하고 이를 위반할 시 태형에 처한 것을 의미한다(참조 Fogg Ally. Nov. 13, 2013. "David Davies' 'feckless fathers' rant belongs in the 16th century, not the 21st," *The Guardian*).

버릴 것이라고 믿었기 때문이다. 따라서 혼외 출산을 부정적으로 보는 것은 교회와 국가 모두의 이익에 부합했다.

길은 "그 후 200년간 안정적인 부모 관계가 '안정적인 사회의 필수 조건'이 된다는 사회적 인식이 생기면서 혼외 출산에 대한 제재의 강도가 높아졌다"(Gill, 1977: 210)고 보았다. 19세기에 이르러서 미혼모는 극심한 곤경에 빠지게 되었다. 도덕적, 종교적으로 비난받았으며 사회적, 물질적 불이익을 당했다. 1834년 개정 빈민법에서의 사생아 조항은 미혼모에게 너무 가혹했다.[7] 게다가 개정법은 영아 살해를 사형으로 다스릴 것이라고 규정했다.

> 음란한 여성 다수가 사생아 출산 후 수치심과 처벌을 피하고자 몰래 아기를 매장하고 죽음을 은폐한다. 그리고 사체가 발견되면 이미 죽은 채로 태어났다고 주장한다. 이 법은 사산을 증명할 증인 한 사람을 세우지 않는 한 유죄 판결을 내리고 사형을 선고하기 위해 제정되었다. (1832년 법률, 사생아에 대한 위해나 사생아 살해 방지를 위하여. [Statute 21, James I, chapter 27], 1977: 216 재인용)

일각에서 비난은 있었지만, 위원들은 혼외 출산이 줄고 미풍양속도 개선되었다고 주장하며 계속 빈민법을 옹호했다. 이 당시 입양은 가난하고 "음란한" 여성이 아무런 처벌 없이 색정

---

[7] 빈민법 개정으로 친생부임을 증명하지 못하면 미혼모는 양육비를 청구할 수 없게 되었다. 또한 아기를 부양하지 못하는 미혼모는 수치심과 장시간 노동에 시달리는 열악한 노동 시설workhouse에 수용되었다.

에 빠질 수 있게 허락하는 것과 같기에 절대 장려할 수 없다는 생각이 일반적이었다. 즉 미혼모는 어렵게 아기를 기르면서 스스로 초래한 고통을 고스란히 감당해야 한다는 믿음이 있었다. 그런데 아기가 세 살이 되면 어머니와 분리시켰다. 규정상 한 달에 한 번 아기를 보는 것은 허락되었지만 현실적으로 자신이나 가족 친지들이 거주하는 지역 밖으로 아기를 보내는 경우가 많았기에 정기적으로 아기를 보기는 어려웠다. 이러한 이유로 미혼모나 미혼모의 가족은 직접 아이를 키우겠다는 결정을 하기도 했다.

성의 이중잣대, 빅토리아 시대의 유산

19세기 중반에 접어들며 미혼모에 대한 사회적 비난이 완전히 없어진 것은 아니지만, 젊은 여성이 성적 유혹에 빠지는 것은 선택이 아니라 환경 탓일 수 있다는 관점이 등장했다. 가난한 사람 대부분은 남녀가 충분히 거리를 두고 지내기 어려운 열악한 주거 환경에서 살 수밖에 없었고, 너무 많은 남녀가 좁은 공간에서 함께 살다 보면 품위와 예절을 지키기가 힘들다는 것이었다. 1864년 6월 제임스 찰스 목사는 사생아에 대한 보고서를 작성하여 위그타운 교구 의회Presbytery of Wigtown에 제출했다. 여기서 그는 '악(사생아)'의 원인 중 하나로 주거 문제를 언급했다.

> 열악한 주거 환경: 극빈층이나 노동 계급 중 상당수는 아버지와 어머니, 다 큰 자녀가 방 한 칸짜리 아파트에서 산다. 이러한 상황에서 품위는 유지될 수 없고, 순결의 보호막이 되는 정숙한 마음은 처음부터 생기기 어렵고, 설사 그 마음이 있더라

도 이내 무너진다. 일부 소규모 농가에서 목격되는 사태는 더욱 심각한데, 이런 곳에서는 거처할 방이 충분하지 못해 방이나 헛간에 침대를 붙여 놓고 남녀 하인을 같이 자게 했다!(Gill, 1977: 226-227 재인용)

일반적으로 가난한 사람들은 도덕적으로 해이하고 윤리가 땅에 떨어져 '악'을 부끄럽고 수치스러운 것으로 인식하지 못한다고 여긴 반면, 위와 같은 주장은 사생아 출생의 원인을 미혼모가 아닌 주거 환경에서 찾고자 했다. 그러나 길은 이러한 주장은 남녀가 가까이 자면서 생활하면 당연히 성적으로 무분별하게 행동할 것이라고 생각한 빅토리아 시대 중산층 사람들의 사고 방식을 따르고 있다고 꼬집었다. 성을 불편해하고 두려워하며 심지어 혐오하는 것은 빅토리아 시대 중산층 사람들이지, 노동자 계층의 사람들은 연애나 성관계에 대해 느슨하고 자유로웠다. 빅토리아 시대 중산층 사람들은 결혼한 부부에게만 성관계가 허용되고, 그것도 성적 즐거움이 수반되지 않는 한해서만 가능하다고 생각했다. 빅토리아 시대 결혼 생활에서 성은 여성에게는 마땅히 지켜야 할 의무였고, 혼외 관계에서 성을 즐기는 남성에게는 눈감아 주는 성적 이중 잣대가 작동했다. 이를 말해 주는 증거는 많다.

중산층은 성에 대한 자신들의 불안감을 육체적 유혹에 더 취약하다고 여긴 가난한 사람들의 삶에 투영했다. 노동 계급이 성에 대해 취하는 느슨한 태도는 중산층이 확립한 사회 질서를 위협하는 것으로 간주했다(같은 책: 171). 미혼모가 되는 것은 물론이고, 결혼 제도 밖에서 이루어지는 성관계는 사회가 해결해야 할 문제로 규정했다. 미혼모와 사생아는 결혼의 정의와 이상 모두에 위협이 되었다. 따라서 미혼모와 아기는 모두 법적, 물질적, 도덕적으로 비난받아 마땅했다. 단 그럴듯한 말로 집요하게 유혹하는 나쁜 남자들로부터 자신을 지킬 수 없을 만큼 지적으로 아둔하다고 간주되는 여성만이 도덕적 잣대를 피할 수 있었다. 영에 따르면 19세기 후반 유럽에서 혼외 임신을 한 여성은 지적으로 아기 양육을 계획할 능력이 없으므로 모든 사생아의 후견권을 지방 정부에 자동으로 부여해야 한다는 법을 통과한 시킨 국가가 다수 있었다(Young, 1954: 5).

하지만 빅토리아 시대 중산층을 비판적으로 보는 역사가와 사회학자들은 미혼모를 도덕적으로 타락했다거나 과밀한 주거 환경이 낳은 희생자로 보는 것을 비판하고, 이들을 가난한 사람들이 살아야 했던 경제적, 사회적 조건에서 나올 수 있는 공동체 또는 문화의 일원으로 볼 것을 제안했다. 빅토리아 시대 '사생아'는 중산층의 관점에서 '문제'였지만, 같은 시대 다른 여러 나라와 다양한 문화권에서 혼외 출생아는 '삶의 방식'의 결과였을 뿐 특별하게 여겨지지 않았기 때문이다. 문제는 빅토리아 시대 중산층의 관점이 지속해서 미혼모에 대한 인식과 태도를 결정했다는 것이다.

1926년 입양법, 미혼모와 그 자녀의 완전한 단절의 시작

제1차 세계대전 이전에는 빈민법 규정에 따라 약 8만 명의 아동이 적어도 한 번은 시설 보호를 받았던 것으로 추정된다. 이러한 대규모 기관에서 자란 아동은 베넷이 묘사하듯 대부분 "사랑스럽지도 않고 말도 안 들을 뿐 아니라 일할 곳도 구하기 힘든"(Benet, 1976: 73) 불쌍한 존재로 인식되었다. 이로 인해 이런 아동을 더 잘 양육하기 위해 입양을 합법화해야 한다는 주장이 등장했다. 게다가 입양을 원하는 불임의 중산층 여성 수가 늘어 이에 대해 반론을 제기할 사람은 없을 것 같았다. 하지만 정치인들은 이에 대한 논의를 더 진전시키기를 꺼렸고, 입양을 허락하면 일부 여성들을 문란한 삶으로 내몰 것이라는 오래된 두려움은 지속되었다.

입양 합법화를 찬성하는 쪽으로 분위기가 바뀐 것은 제1차 세계대전 이후 고아들에게 좋은 가정을 제공할 필요성이 대두되면서부터였다. 1926년 입양법은 한 여성이 낳은 아기를 다른 부모가 마치 자신이 낳은 아기처럼 양육할 수 있도록 허용했다. 이후 휴튼 보고서Houghton Report는 입양을 "부모와 자녀 사이의 법적 관계를 완전히 단절하고 입양 부모와 입양 아동 사이에 새로운 법적 관계를 수립하는 것"으로 정의했다(1972: 4). 친생모는 자녀와 어떤 형태로든 접촉하거나 자녀의 성장 과정을 알기를 원하지 않을 것이라 가정했고, 친생모가 자녀와의 관계를 유지하거나 자녀의 소식을 알 수 있는 장치는 전혀 마련되지 않았다. 단절은 깔끔하고 완전하게 이루어졌다. 아기는 마치 입양 부모의 친자식처럼 양육되었고, 이것이 입양과 관련된 모든 이들의 최선의 이익이라고 생각했다. 친생모는 아기를 보내고 새로운 출발을 할 수 있을 것으로 기대되었고, 입양 아동 대부분은 가난한 노동자 계급 여성이 낳은 사생아이므로 입양인들은 자신의 출생 배경을 너무 세세히 알려 하지 않는 것이 낫다고 여겼다. 따라서 입양인들의 출생 배경은 계속해서 비밀과 수치심에 가려져 있었다.

'도덕'에서 '정신의학'으로, 미혼모에 대한 관점의 변화

미혼모 현상을 설명하는 방식은 지적 풍토가 변함에 따라 달라

졌다. 미혼 임신과 출산을 부도덕하고 사회적 안정을 위협하는 요소로 보았을 때는 그 죄를 처벌하는 방식으로 대응했다. 20세기에 들어서도 혼외 출산은 계속 사회 문제로 여겨졌다. 사생아 발생의 유일한 책임자로 지목된 미혼모는 끊임없이 설명이 필요한 존재가 되었다. 가령 왜 결혼하지 않는 여성이 성관계를 갖고 심지어는 임신까지 하는 상황에 이르게 되었는지 질문했다. 그리고 이러한 질문에 대답하는 새로운 관점이 등장했다. 미혼모를 병리적 심리, 미성숙함, 정신적 장애가 있는 여성으로 보는 심리학과 정신의학에 기초한 설명이다. 이러한 관점에서 미혼모는 정신과 치료가 필요한 사례case가 된다. 도덕적으로는 여전히 문제가 있는 존재였으나 그 처방은 처벌이 아니라 치료다. 도덕적으로 죄를 사면받은 미혼모는 정신적으로 문제가 있는 비정상인이 되었다.

> 이러한 사회과학적 관점에서 혼외 출산은 사회화 과정에서 마땅히 작동해야 하는 기능에 문제가 생기고, 사회적 통제, 가령 가족과 친족, 정치 제도나 교육 제도와 같은 사회 통제 기능이 실패했음을 보여 주는 사례가 되었다. 한 지역의 높은 혼외 출산율은 병리적인 현상으로 진단되었고, 사생아를 출산한 여성들은 희생자 또는 피해자화되었으며, 문란하고 심지어 정신 장애를 가진 것으로 여겨졌다. (Laslett, 1980: 1-2)

또한 1940~50년대에는 미혼 여성의 출산을 심리적 원인에서 찾으려 했다. 예를 들어 '성적으로 문란해지고 싶은 어머니의 욕망을 딸이 행동으로 실천한 것이다', '사춘기 소녀들이 자신의 성적 능력을 시험해 본 것이다', '딸이 어머니로부터 독립하기 위해 아기를 과도기적 도구transitional object로 이용했다', '어린 시절 사랑받지 못했다고 느끼는 미혼 여성이 사랑을 줄 대상으로 아기를 가졌다' 등과 같은 진단을 내렸다.

가령 랄은 "우리 사회에서 청소년기 여성이 혼전 임신을 하는 것은 딸과 부모 관계에 문제가 있음을 말하는 것"(Rall, 1961: 3)이라고 주장했다. 그는 스트레스와 불안정한 가정에서 자란 사춘기 딸이 충동적으로 임신을 한다고 보았다.

> 결혼한 부부에게만 허락된 고유한 기쁨이 있다. 그런데 아직 책임감이 형성되지 않은 청소년이 성적 충동에 굴복한다면 우리는 무엇이 잘못되었는지 알아야 한다. (같은 책)

리언틴 영 역시 가정 내 문제를 '해결'하기 위해 청소년 여성이 임신하게 된다고 주장했다. 그리고 이들에게는 정서적 장애나 무의식적으로 형성된 정신병리학적 원인이 있다고 보았다. 영에 따르면 이들이 미혼모가 되는 것은 우연도, 실수도 아니며 "무의식적으로 혼외 관계에서 아기를 낳기로 결심한 것"(Roberts, ed., 1966: 82 재인용)이다. 영은 가정 유형[8]을 세 가지로 나누었다. 그리고 이런 유형의 가정에서 임신한 "여자애들"이 나온다고 보았다. 이때 부모 모두 또는 그중 어느 한쪽과 관계가 미혼 임신의 동기가 된다고 주장했다.

---

8 세 가지 가족 유형이란 거부형 부모, 지배형 부모, 맹종형 부모를 말한다. 더 상세한 내용은 Young, Leontine, 1945, "Personality Patterns in Unmarried Mothers", *The Family*, vol. 26, Issue 8, New York Family Service Association of America, pp.296~303를 참조할 것.

입양 실무자 역시 미혼 여성의 병리적 성격이 혼전 임신의 원인이 된다고 믿었다. 그리고 미혼모에 대한 두 가지 가정을 했다. 첫째, 미혼모는 정서적으로 문제가 있고, 정신적으로 혼란한 상태에서 출산했으므로 아기를 원하지 않는다. 나아가 아기가 아닌 자신의 욕구를 충족시키기 위해 임신했으므로 좋은 엄마가 될 가능성이 없다. 둘째, 따라서 미혼모가 낳은 아기는 입양 보내는 것이 낫다. 다음 인용문은 이러한 믿음이 사실임을 보여 준다.

> 대체로 미혼모가 출산한 아기는 입양 보내는 것이 아기에게 최선의 이익이라고 본다. 이는 미혼모의 아기 양육 계획에 부당하게 개입하는 것은 아니다. (…) 나는 미혼모와 그 자녀가 가족을 구성한다는 생각을 지지할 수 없다. (Reid, 1957: 27; Roberts, ed., 1966: 115 재인용)

미혼모는 입양과 양육 사이의 선택을 앞두고 종종 이러지도 저러지도 못하는 상황에 빠진 자신을 발견한다. 대체로 입양을 선택하는 것이 양육을 선택하는 것보다 정신적으로 더 건강하고 성숙한 일로 여겨졌다. 반면 아기를 키우려는 것은 미성숙한 행동이었다. 따라서 미성숙한 여자는 어머니가 되기에 부적합했다.

일반적으로 1940년대와 1950년대에 입양 종사자들은 이상과 같은 이론에 근거해 입양 중심 서비스를 제공했다. 그리고 이 이론에 근거한 입양 모델은 거의 도전받지 않았다. 따라서 입양 종사자들을 둘러싼 세계는 안정적이고 일관적인 분위기를 유지했다. 그들은 미혼 여성이 아기가 없어야 더 나은 삶을 살 수 있다고 믿었다. 그리고 이들이 낳은 아기에게는 능력 있는 입양 부모를 제공했다. 굳이 이러한 정신의학적 모델을 긍정적으로 보자면 미혼모에 대한 동정은 있었다는 것이다. 하지만 혼외 출산에 대한 낙인은 여전히 미혼모와 아기들의 몫이었다.

3. 사회 문화적 맥락과 입양 선택

빈센트는 1966년 연구에서 사회 계층에 따라 미혼모의 분포가 다르다는 점에 주목했다. 그에 따르면 한 사회의 가치관은 모두 동일한 방향으로 향하지 않으며, 특정 행동에 대한 사람들의 태도도 일관적이지 않다(Vincent, 1966). 예를 들어 한 사회가 혼전 성관계에 눈살을 찌푸리는 것과 사생아를 비난하는 것은 별개의 문제다. 빈센트의 주장처럼 서구 사회는 혼외 성관계에 점점 더 관대해졌지만, 혼외 출산에 대한 비난은 상당히 오랫동안 지속되었다.

로버츠는 1966년 연구에서 혼외 출생아가 유능한 사회 구성원이 될 가능성이 적다고 우려했다. 그는 "미혼모와 그 자녀에 대한 사회적 태도를 개선함으로써 사생아라는 사회 문제에 대한 해결책을 찾는 것은 정답이 아니"(Roberts, 1966: 8)라고 주장하며 다음과 같이 말했다.

> 오늘날 가장 신뢰할 수 있는 지식에 따르면, 사회화가 잘 된 성인으로 키우기 위해서는 완전한 가족, 즉 사회가 기대하는 역할을 잘 수행할 수 있는 아버지와 어머니로 구성된 가족이 필요하다. (…) 사회가 사생아를 조장하거나 용인한다면 사회는 소멸할 것이다. (같은 책)

성행위에 대한 태도는 확실히 모순적이고 혼란스럽다. 성에 대해 관용적이며 자유로운 태도를 취하지만, 다른 한편 사생아에 대해서는 불관용과 낙인을 찍는 태도를 취한다. 이는 미혼모가 아기를 키우는 힘든 환경은 변하지 않고 사생아를 더 태어나게 하는 결과를 가져온다. 그리고 미혼모와 사생아에 대한 낙인은 입양의 증가로 이어진다.

영국에서 입양이 가장 많았던 해는 1968년이다. 당시는 미혼모에 대한 낙인은 매우 심한데 젊은이들의 성관계는 더 활발해진 시기였다. 사생아 출산이 증가함에 따라 입양 아동 수도 늘었다. 그러나 1968년 이후 비록 미혼모에 대한 공식적 지원은 여전히 제한적이었지만 사회는 미혼모에 대해 점차 관대해졌다. 그 결과 혼외 관계에서 태어나는 아기는 계속 증가했지만, 입양되는 아기는 꾸준히 감소했다. 트리셀리오티스는 한 국가의 생활 여건이 개선될수록 혼외 출생과 관련된 사회적 낙인이 줄어든다고 보았다(Triseliotis, 1989: 23). 그리고 빈곤과 입양 가능한 아동 수 사이에 밀접한 관계가 있다고 주장했다. 빈곤은 가난한 여성들이 아기를 입양 보내도록 유도하는 반면, 풍족해지면 미혼모의 수가 늘어도 입양되는 아기는 소수에 그친다는 것이 그의 관점이었다.

옐로리는 미혼모와 입양에 영향을 미치는 요인들을 더 자세히 알기 위해 미혼모 160명을 대상으로 연구를 진행했다(Yelloly, 1965). 이 중 88명은 아이를 키웠고 72명은 입양을 결정했는데 양육과 입양을 결정한 여성들 사이에서 몇 가지 차이점을 발견했다. 특히 입양을 결정한 여성은 그 부모가 입양을 매우 선호하는 경향을 보인 반면, 아기를 기꺼이 가족의 일원으로 받아들이려는 부모를 둔 여성은 양육을 선택하는 경우가 더 많왔다. 이미 자녀가 있는지 여부도 입양 결정에 영향을 미쳤다. 유자녀인 경우 13%는 양육을, 33%는 양육을 선택했다. 또 다른 요인은 추정 아버지의 혼인 여부였다. 추정 아버지가 기혼자인 경우, 43%의 여성은 입양을 선택한 반면 24%의 여성은 양육을 선택했다. 전체적으로 입양을 선택한 미혼모의 82%는 1) 부모의 입양 찬성, 2) 이미 자녀를 둔 경우, 3) 추정 아버지가 기혼인 경우 중 적어도 하나 이상에 해당했다.

또 다른 연구는 113명의 미혼모를 대상으로 조사했다. 이 연구에 따르면 양육 미혼모는 불안과 초조, 긴장과 흥분의 정도가 높고 지적으로 둔하며 미성숙할 가능성이 컸다(Jones et al., 1966). 반면 아기를 입양 보낸 미혼모는 지능, 독립성, 정서적 안정성이 더 높은 것으로 나타났다. 이들은 불안감이 적었고 다른 사람들이 자신을 힘들게 한다고 느끼는 경향이 덜했다(Vincent, 1966 참조할 것). 이보다 한참 뒤인 1982년에 나온 라이트먼과 슐레진저의 연구도 비슷한 결과를 도출했다(Lightman and Schlesinger, 1982). 아기를 입양 보낸 미혼모는 학교에 다닐 가능성이 더 컸으며, 일반적으로 부모와 함께 살았고, 그 부모는 아기의 입양 여부를 결정하는 데 더 관여했다. 또한 아기 아버지와는 연락하지 않았으며, 정신과 병력이 없을 가능성이 컸다. 반면 아기를 키우는 미혼모는 보통 학교를 그만두고 집을 나간 경우가 더 잦았고, 다른 미혼모를 친구로 두었을 가능성이 더 컸으며, 과거 정신과 치료를 받은 경험이 3배가 더 높았다. 부모가 이혼했거나 별거 중인 경우가 많았으며 아기 아버지와 자주 연락하는 것으로 나타났다.

계층과 인종에 따라서도 입양 선택의 차이를 보였다. 크로닉에 따르면 중산층 가정은 미혼인 딸의 임신을 받아들이지 못하는 경향이 있었으며, 아기를 키우는 데 도움을 줄 가능성이 더 낮았다. 반면 미혼의 흑인 여성과 노동 계층의 백인 여성은 자녀를 입양 보내지 않고 직접 키우는 경향이 있었다. 크로닉은 교육과 종교를 변수로 보았는데, 그에 따르면 교육을 받고 가톨릭 신자가 아닌 경우 아기를 입양 보낼 가능성이 더 컸다(Kronick, 1966: 249).

이상 언급한 연구 결과를 보면 지적 또는 정서적으로 불안정하고 계층이 낮은 미혼모가 양육을 선택할 가능성이 가장 큰 것처럼 보인다(Benet, 1976: 177). 그러나 이와 같은 결과가 나왔을지라도 우리는 미혼모와 그 자녀의 운명은 그들이 놓인 사회적 분위기에 의해 결정된다는 가설을 계속 주장하고자 한다. 더 우수한 지능을 가지고 있고 정서적으로 안정적인 여성일수록 자녀를 양육하지 않기로 결정한 것은 현실적인 면을 더 고려했음을 의미할 수 있다. 그리고 일반적으로 아기가 없으면 어려움에 대처하고 자신의 능력을 펼칠 기회가 더 많을 것이다. 그럴지라도 그들은 여전히 아기를 잃었다. 입양은 사회가 입양을 법적으로 허용했기에 선택 가능한 것이다. 그리고 입양이 법적으로 허용되었다는 것은 미혼모가 되는 것은 불행한 일이고, 미혼모는 어머니로서 지원받을 자격이 없으며 결코 격려할 상황이 아니라는 것, 그리고 친생모의 존재는 지우고 입양 부모가 키울 때 미혼모의 아기는 더 잘 자란다는 전제가 우리 사회에서 작동하고 있음을 말하는 것이다.

과거에 미혼모들이 양육을 선택하면 많은 어려움에 직면했다. 위어는 미혼모에 관한 연구를 마치며 '이 여성들에게 아기는 가장 중요하고 그 누구보다 우선시되는 존재였다'라고 결론지었다(Weir, 1968: 66). 그러나 이들은 자신이 겪고 있는 문제와 가족이 직면한 어려움, 그리고 국가의 지원 부족으로 성공적인 미혼모가 되기 어려웠다. 따라서 외견상으로 입양은 어려운 문제에 대한 합리적인 해결책으로 보인다. 하지만 문제는 사회가 미혼모에게 물질적, 도덕적, 정서적 지원을 제공하지 않음으로써 이들의 삶을 고된 것으로 만들었다는 점이다.

입양은 근본적으로 아기를 키우기에 정말 불가능한 상황에서만 이루어지는 합리적 조치로 간주해야 한다. 길은 1969년 미국과 덴마크의 상황을 비교했다. 혼외 출산을 비난하고 도덕적으로도 물질적으로도 전혀 지원하지 않는 미국 사회에서는 미혼모가 아기를 입양 보낼 가능성이 컸다. 반면 덴마크는 미혼모에게 주택, 어린이집, 현금 지원 등 많은 도움을 제공했다. 덴마크에서의 사생아 입양률은 2~3%에 불과했다(Gill, 1977: 105).

이러한 연구는 다음 두 가지 생각을 촉발했다. 첫째, 수년 동안 미혼모가 직접 양육하는 것보다 입양된 아동이 더 나은 삶을 산다는 주장이 지지를 받았다(예를 들면 Seglow et al., 1972). 그러나 이를 단순히 입양이 더 낫다는 증거로 보기보다 입양되지 않은 아동들이 안정성과 역량 면에서 상대적으로 취약한 어머니에 의해 양육된 결과라고 보아야 한다. 만약 입양된 아동이 능력과 역량을 갖춘 미혼모에게 양육되었다면 적어도 입양된 아동만큼은 잘 성장할 수 있을 것이다. 미혼모를 평가하는 기준은 그 자체가 아니라 그를 둘러싼 환경에 의해 결정된다는 점이 매킨타이어의 다음과 같은 지적에서도 확인된다.

> 만약 기혼 여성이 '아기를 위해 버렸다'고 한다면 우리는 받아들이지 못하지만, 미혼모가 그랬다면 온전히 수긍한다. (Macintyre, 1977: 160)

이처럼 미혼모가 처한 문화적 맥락과 혼외 출산에 대한 사회적 태도는 미혼모의 양육과 입양 선택에 매우 중요한 역할을 했다.

4. 주변의 반응과 미혼모의 경험

요즘도 정신의학 이론을 사용해 미혼모와 사생아 발생을 설명하려는 경향이 있다. 그것이 한참 유행하던 시절[9]에도 그에 대한 의구심이 제기되었는데 말이다. 예를 들면 1954년 빈센트는 미혼모 연구에 있어서 표본 집단 편향 문제를 제기했다. 미혼모에 관한 많은 연구가 미혼모 시설, 복지 기관, 정신과 클리닉에서 표본을 수집했기에 연구자들은 정서적으로 불안해 기관을 찾는 미혼모 집단을 주로 연구 대상으로 다루었다는 것이다. 이에 따라 정신의학 이론은 사생아를 줄일 수 있는 '치료' 요법을 제안했다. 하지만 사생아는 계속 태어났다.

또한 미혼모의 사회적, 지리적 분포가 균일하지 않다는 사실도 발견되었다. 이로써 미혼모를 단순히 정서적으로 불안정한 여성으로 보려는 정신의학 모델에 더욱 의문이 제기되었다. 대신 미혼모의 문화적, 사회적 경험에 기반을 둔 이론이 주목받았다. 이는 사회가 혼외 출생아에 대해 어떤 태도를 보이고, 아기를 포기하게 되는 과정을 어떻게 설명하느냐가 미혼모가 임

---

9 1940년대와 1950년대 정신의학 행동 이론은 정서적 장애를 '사생아' 출생의 원인이라고 강조했고 임상심리학자, 심리치료사, 사회복지사들이 미혼모들을 설명하는 방법에 영향을 주었다(윌슨-부터바우, 2023, 『아기 퍼가기 시대』, 권희정 옮김, 안토니아스, 232쪽 참조).

신-출산-입양의 전 과정을 경험하는 방식을 결정한다는 관점으로 전환해야 함을 의미한다.

이러한 맥락에서 가장 설득력 있는 주장 중 하나를 1976년 출간된 메리 캐슬린 베넷의 『입양의 특징』에서 찾아볼 수 있다. 그는 성, 가족, 친족과 관련된 믿음이나 감정은 그 시대의 상황과 밀접한 관계가 있다고 보았다. 예를 들어 과거에 입양은 미혼 여성이 저지른 부도덕한 행동의 결과에서 '도망칠 수 있게' 해 주기 때문에 문란함을 조장하는 관행으로 공격받았다. 또한 부유한 중산층의 무자녀 부부가 구미에 맞는 가난한 가정의 아기를 데려오는 행위라는 비판적 관점도 있었다. 이 관점에 따르면 그럴듯한 심리학 이론은 취약하고 불우한 사람들의 아기를 힘 있고 부유한 사람들에게 양도하게 만들기 위한 변명에 지나지 않는다.

또 다른 예로 근대 서구에서 입양은 불우하고 심지어 해악을 끼치는 부모로부터 아이를 구하는 일로 여겨졌다. 이런 사회에서는 입양된 아동의 과거와 입양 가족을 연결하는 모든 고리를 단절하는 것이 이상적으로 여겨졌다. 친생 부모의 부모 역할은 입양 부모에게로 더 확실하고 완전한 방식으로 이양되었다. 친생 부모와 입양인은 서로 알아서도 안 되었고 연락하는 것도 금지되었다. 입양 과정은 은밀했다. 이와 같은 엄격한 입양 관행은 친생 부모와 입양인에게 견디기 힘든 것이었다. 근대 사회는 부부와 자녀로 이루어진 핵가족 안에서만 대부분의 정서적 욕구를 충족하고 영구적 관계를 맺도록 형성되었다. 이에 티자드는 "자녀 없는 부부와 부모 없는 아동의 애정과 관계 유지 욕구는 충족되지 않을 가능성이 크다"(Tizard, 1977: 2)고 보았다.

대가족에서 핵가족으로 전환되며 가족 관계는 남편과 아내, 부모와 자녀 관계로 축소되었다. 그리고 핵가족의 중요성이 강조되면서 이들 관계는 그 어느 때보다 더 긴밀하고 강렬해졌다. 과거 부족 공동체 구성원들에게 타인에게 아기를 보내는 것은 영구적 이별이 아니었다. 자신도 위탁받은 아기를 양육할 수 있다는 사실을 인지하기에 아기를 위탁 보내거나 위탁받는 일은 비교적 평온하게 이루어졌다. 반면 근대 사회에서 친생 부모가 아이를 포기하고 입양 보냈다는 것은 아기에게 유일한 인간관계가 박탈되었음을 의미한다. 이러한 시대에 아기를 도저히 키울 수 없는 상황에 있는 부모, 가령 미혼이라는 이유로 기피 대상이 된 부모, 또는 가난하거나 너무 어리거나 그 밖의 현실적 어려움이 있는 부모의 아기들이 주로 입양 보내졌다. (Benet, 1976: 15)

서구에서 입양은 가장 좋은 선택은 아니며 이상적으로 보았을 때 '일어나서는 안 되는' 일이라는 믿음이 저변에 깔려 있다. 베넷은 과거 고대 사회나 당시 비서구권에서 실천되는 입양이 서구 사회와 달랐음을 보여 주는 논쟁적인 비교 연구를 수행했다. 베넷에 따르면 입양을 흔히 '일어나는 일'로 여기는 열린 태도를 가진 사회들이 많이 있다. 아프리카, 카리브해, 인도, 폴리네시아, 이누이트 사회에서는 친족 간에 아기를 돌보고 공동체 안에서 입양하는 일이 흔하다. 그러나 이모나 삼촌, 조부모 또는 이웃이 키우더라도 서구에서처럼 그 아기가 자신을 낳은 어머니나 아버지를 영구히 상실하는 일은 없다. 아기는 공동체 안에서 함께 길러지고, 공동체 인구 구성원 중 한 명이 된다. 이런 방식은 고립된 핵가족 안에서 경험하는 부모-자녀 관계의 강도를 상당히 완화할 뿐 아니라 다음 세대를 공동체가 함께 기르며 지역 사회의 책임감을 고무한다. 베넷(같은 책: 17)은 이런 입양 실천을 부모와 자녀 사이의 배타적 유대를 약화시킴으로써 대가족을 강화하고 사람들을 지역 사회로 통합하는 수단으로 보았다. 이는 산업화 및 도시화 된 서구 사회의 입양에서 특징적으로 일어나는 친생 부모와 그 자녀 관계의 단절, 그리고 원가족 해체와는 뚜렷한 대조를 이룬다.

베넷은 법적 혼인 관계에서 구성된 핵가족 내의 합법적 자녀 중심으로 이루어지던 중세 영국의 상속 제도와 1950~60년대 서구 사회의 배타적 입양 관행을 비교하며 이렇게 설명한다.

> 만약 물질주의가 지배하고 재산의 소유와 그 소유권이 중요한 사회에서 입양이 존재한다면 입양은 절대적으로 완전하고 완벽하게 이루어져야 할 것이다. (같은 책: 79)

이러한 사회에서 아동이 입양되는 경우, 친생 부모는 자녀에 대한 모든 법적 권리를 포기하고 아동의 성장 과정에 개입해서는 안 되며 조용히 사라져야 한다. 예를 들어, 미국의 많은 주에서는 사생아라는 낙인을 지워 주는 것이 아동을 위해 좋은 일이라고 여겼다. 이들이 입양되면 양부모의 이름이 기재된 새로운 출생 증명서가 발급되는데 이는 친생모와 단절되었음을 상징적으로 보여 주는 것이다. 일반적으로 아기의 출생 증명서 원본은 봉인되어 법원의 명령이 있을 때만 열람할 수 있다.

대부분의 관할권에서 입양 판결문에 친생모를 기재하지 않음으로써 이들의 존재를 비가시화한다. 법과 정책이 의도하는 바가 입양 부모를 친생 부모처럼 만드는 것이라면 성공했다고 할 수 있다. (Kirk and McDaniel 1984: 76-77)

한편 친생모는 아기에 대한 모든 권리를 상실한다. 입양 관행은 기묘하다. 생물학적 출산과 친생 부모의 양육을 너무도 중시하는 분위기 속에서 입양 부모는 가능한 한 친생 부모처럼 되려고 한다. 그리고 양육 과정에서 친생모의 존재를 배제하려고 한다. 이러한 관행은 수년에 걸쳐 광범위한 과학적 지지를 받았다. 하지만 최근에는 입양에 대한 이와 같은 절대적이고 배타적인 태도가 아동 발달에 반드시 최상의 결과를 가져오는 것이 아니라는 증거들이 쌓이고 있다. 베넷의 주장은 입양이 미혼모, 사생아 및 무자녀 부부가 겪는 모든 문제를 깔끔하게 해소하는 해결책이라고 믿어 왔던 사람들을 불편하게 했다.

미혼 여성의 임신이 문제가 되지 않고, 출산 후 다른 부모에게 아기를 맡긴 후에도 개방적이고 편안하게 아기를 볼 수 있다면 미혼모가 되는 것과 아기를 다른 부모에게 보내는 일을 둘러싼 스트레스와 긴장은 사라질 것이다. 문화적이고 역사적인 비교 연구는 한 사회가 사생아를 대하는 방식과 입양 실천 방식이 미혼모가 되고 아기를 포기하고 입양 보내는 경험에 지대한 영향을 미친다는 사실을 말해 준다. 따라서 사회적 반응에 따라 미혼모의 경험은 다를 수 있다. 결혼하지 않고 아기를 갖는 것은 큰일도 비정상도 아니며, 대응할 수 있는 일이라고 간주하면 미혼모들은 양육을 선택하거나 적어도 친족이나 이웃 또는 지역사회와 '함께' 키울 것이다. 이렇게 되면 입양은 불필요한 것이 된다.

오늘날 영국에서는 미혼모에게서 태어나는 아기의 비율은

증가하고 있지만, 입양할 수 있는 아기 수는 그 어느 때보다 감소하는 추세다. 또 다른 변화는 결혼 중에 태어났든 그렇지 않든 아동은 가족 공동체와 지역 사회 전체의 책임이라고 생각해 개방 입양이나 친족간 양육을 특별한 일이 아니라고 여기는 점이다. 아기는 친생 부모를 잃지 않으며 친생모는 상실감이나 죄책감을 느끼지 않는다. 오히려 비난은 혼인 중 혼외 성관계를 한 사람에게로 향하고, 이들이 더 무거운 죄책감과 불편함을 느낀다.

미혼모가 아기를 키울 수 있는 능력은 한 사회가 만든 미혼모 지원에 관한 규정이 결정한다. 만약 다른 사람이 미혼모의 아기를 기르게 하고 그 자녀와의 연결 고리를 끊어 버리면 그 미혼모는 심각한 상실을 경험할 수 있다. 따라서 미혼모가 아기를 키우는 것을 어렵게 하고 입양을 결정하도록 하는 특징을 가진 사회에서 미혼모는 힘들고 고통스럽고 수치스러운 일련의 경험을 하게 된다.

5. 사회가 만들어 놓은 덫

1장의 요지는 미혼 여성의 임신, 출산, 한부모로서의 경험은 사회가 결혼 전 성관계로 출산한 여성에 대해 가지고 있는 생각과 태도에 의해 구성된다는 것이다. 미혼 여성이 아기를 낳았는데 아이의 아빠 또는 부모가 지지해 주지 않는 사회에서는 대체로 홀로 사회적 비난을 감수해야 한다. 사람들은 '결혼하지 않고 아기를 낳다니 잘못했다', '결혼하지 않고 아기를 키우다니 잘못했다', '아기를 포기하고 입양 보내다니 여자답지도 어머니답지도 않은 행동을 했다. 그러니 잘못했다'와 같은 도덕적 비난을 한다.

　미혼모가 처한 딜레마는 하나의 도덕적 강령을 따르면 필연적으로 다른 도덕적 강령을 위반하게 된다는 데 있다. 도덕규범과 사회적 원칙을 위반한 자, 가족의 기대를 거스른 자, 그리고 심리적으로 성숙하지 못한 자로 규정되는 사회에서 미혼모는 수치심, 죄책감, 실패감, 부적절함 등 다양한 감정을 경험하게 된다.

　어려움은 여기서 끝나지 않는다. 양육을 결정하든 입양을 결정하든 이러지도 저러지도 못하는 상황을 더 힘들게 하는 많은 문제에 봉착한다. 양육을 결정한 사람은 받을 수 있는 지원이 거의 없고 일할 가능성도 감소한다. 한부모로서 삶은 투쟁이 되고, 한부모 가정의 아이들은 여러 면에서 불이익을 받는 현실에 부닥친다. 아기를 포기하고 입양을 보내면 깊은 상실감이 주는 다양한 감정과 고통을 경험하게 된다.

　입양 관행은 일반적으로 친생모와 아기 사이의 모든 연결고리를 완전히 끊을 것을 요구하기에 상실은 자연스럽게 발생한 것이 아니라 사회적으로 만들어진 사건이다. 입양을 선택한 미혼모는 그 여정의 끝에서 다양한 그러나 언제나 호의적이지 않은 사회적, 도덕적, 심리적 판단의 대상이 되는 자신을 발견하게 된다. 미혼모가 놓인 처지는 전혀 바람직하지 않을 뿐 아니라 심각한 심리적 스트레스의 원인이 된다.

　여기서 강조하고 싶은 중요한 점은 미혼모이기 때문에 출산이 본질적으로 더 힘든 것이 아니라는 사실이다. 미혼모가 경험하게 되는 모든 것은 미혼모를 둘러싼 사회적, 도덕적, 이론적인 산물이다. 다시 말해 미혼모에 대한 사회적 기대가 미혼모의 경험을 구성한다. 기대를 변화시키면 경험도 변화될 것이다.

그러면 친생모라는 개념도 없어질 것이다. 왜냐하면 그냥 엄마이기 때문이다.

　우리는 친생모가 되는 것이 어떤 느낌인지 알기 위해서 사회가 친생모를 어떻게 규정하고 대했는지 알아야 한다. 왜냐하면 한 사회의 가치와 태도는 미혼모가 스스로를 정의하고, 이해하는 방식에 영향을 주며 미혼모로서의 경험을 구성하기 때문이다. 거듭 말하건대 미혼모가 생각하고 느끼는 것, 그리고 자신이 무엇을 할 수 있고 해야만 한다는 믿음은 한 사회가 미혼모와 그 자녀에 대해 갖는 가치와 태도와 관련이 있다.

2장
존재론적 전환의 경계에 선 미혼모

1. '도덕적 운'이란

우리는 '왜, 누가 미혼모가 되나'를 묻기보다 '미혼모가 되면 어떤 상황에 놓이게 되는가'를 질문해야 한다. 그에 앞서 '도덕적 운'moral luck이라는 흥미로운 개념을 소개하고자 한다. 사람은 살면서 좋든 나쁘든 '운'이라는 것을 만나는데, 이 운에 따라 한 사람의 도덕성이 규정된다는 철학에서 나온 개념이다.

 예를 들어 두 사람이 음주 운전을 했다고 하자. 한 명은 인도와 차도를 제멋대로 달리다 보행자를 치어 사망하게 했다. 살인죄는 엄중하게 다루어지므로 이 운전자는 무거운 처벌을 받게 된다. 한편 다른 음주 운전자는 똑같이 위험하게 운전했지만 운 좋게도 아무도 치지 않았다. 음주 운전에 대한 유죄는 성립되지만 사람을 사망에 이르게 한 운전자보다 상대적으로 가벼운 처벌을 받게 된다. 똑같이 부주의했어도 보행자를 만나지 않은 운전자에게 법은 더 관대하다. 네이글은 또 다른 예를 들었다. 살인 미수죄는 살인죄보다 가볍게 처벌받는다. 둘 다 살해할 의도가 있었지만, 한 사람은 상대가 방탄 조끼를 입었기 때문에, 또는 날아가는 새가 대신 총알을 맞은 예상치 못한 일이 발생해 살인 미수에 그쳤다(Nagel, 1979: 29).

 '도덕적 운'이란 행동의 의도가 아닌 결과로 사람을 판단하고 대우하는 것이다. 우리는 보통 어떤 사람의 행동 동기를 보고 그 사람의 도덕성을 판단한다. 하지만 '도덕적 운'이라는 개념에서 보면 그 반대가 된다. 언뜻 보기에 매우 이상한 윤리이지만 실제로 우리는 행동을 유발한 의도보다 행동이 가져온 결과로 사람을 판단한다.

미혼모의 경우도 그렇다. 우선 성관계를 하는 미혼 여성이 많다는 사실은 인정하고 들어가자. 이들 중 누군가는 운이 나쁘면 임신해서 미혼모가 된다. 이것은 포커가 내린 경험적 결론이다. 그에 따르면 대부분의 십 대 임신과 혼외 출산의 원인은 "황새가 아기를 물어다 주었기 때문도, 혼외자를 낳고 싶은 욕망 때문도 아니라 단지 성관계를 했기 때문이다"(Pauker, 1969: 66).

미혼모는 원인(남자 친구와의 성관계)보다 결과(혼외 출산)로 가혹한 평가를 받는다. 같은 원인을 가졌지만 임신만 하지 않는다면 도덕적 비난을 피할 수 있다. 반면 운이 나빠서 아기를 갖게 되면 삶, 도덕성, 인격 등 모든 면에서 재평가를 받게 된다. 똑같이 성관계를 가졌지만 나쁜 운을 만나 미혼모가 되면 사람들은 도덕적으로 문제가 있다고 규정한다. 그리고 임상적으로 이들의 임신과 혼외 출산을 설명하려고 한다. (의식적이든 무의식적이든) 미혼 여성이 아기를 원한 이유가 있을 것이라고 전제하고, 사생아는 미혼모에게 어떤 고의적 의도가 있었음을 말해 주는 증거라고 여긴다. 미혼모가 앓고 있는 질환이 무엇인지 판단하고, 그 판단에 따라 치료하는 방법을 정한다. 그런데 이것이 역으로 미혼모 스스로가 자기 자신을 바라보는 방식에 영향을 미쳤다.

매킨타이어는 1977년 기혼모와 미혼모를 비교 연구했다. 그리고 기혼모에게는 정상적이고, 건강하고, 자연스럽고, 여성스럽고, 본능적이고, 멋진 일로 여겨지는 일이 미혼모에게는 똑같이 적용되지 않는다는 사실을 발견했다. 미혼모는 단지 어쩌다 결혼을 안 했을 뿐인데 말이다. 기혼모와 미혼모에 대한 이중적 언설은 다음과 같다.

- 기혼모에 대한 언설
1. 임신과 출산은 정상적이고 바람직하다. 하지만 아기를 낳지 않거나 적게 낳으려 한다면 비정상이다. 따라서 왜 그런지 이유를 설명해야 한다.
2. 임신과 출산은 이상한 일이 아니다. 만약 그것을 문제시한다면 정상이 아니라는 증거다.
3. 아이를 떼어놓으려 하거나 입양 보내면 안 된다.
4. 유산, 사산 또는 신생아 사망으로 아기를 잃으면 깊고 본능적인 고통과 슬픔을 느낀다.

- 미혼모에 대한 언설
1. 임신과 출산은 비정상적이고 바람직하지 않다. 아기를 갖고자 하는 욕망은 비정상적이고 이기적이다. 따라서 그 이유를 설명해야 한다.
2. 임신과 출산을 원하면 이상하다. 만약 이를 원한다면 정상이 아니라는 증거다.
3. 미혼모의 아기는 입양을 보내는 것이 최선이며, 아기를 키우려는 미혼 여성은 이기적이다.
4. 유산, 사산 또는 신생아 사망으로 아기를 잃어도 너무 큰 고통이나 슬픔을 느껴서는 안 된다. 이들은 오히려 안도감을 느낄 것이다.

- 결론

결혼은 미혼 임산부의 '문제'를 해결한다. 결혼을 하고 싶어 하면 아기도 원할 것이고 그렇지 않다면 아기도 원하지 않을 것이다. (Macintyre, 1977: 184)

입양이 실천되는 맥락을 보면, 모든 엄마와 그 자녀에게는 반드시 남자, 특히 여성의 남편이자 아이의 아버지인 남자가 있어야 한다는 믿음이 작동하고 있다. 만약 그러한 남자가 없는 여자라면 그 아이는 남편 또는 아이 아버지가 되어 줄 남자가 있는 여성에게 입양 보내는 것이 차선이라고 여겨지는 것이다. 하지만 잉글리스는 이러한 고정 관념에 도전하며 "엄마가 아기를 포기하고 다른 여성에게 입양 보내는 것이 비정상"(Inglis, 1984: ix)이라고 주장했다. 그에 따르면, "모든 소녀는 정숙해야 하고, 모든 여성은 어머니가 되어야 하며, 모든 어머니는 아내가 되어야 한다는 기대를 이상화하고 맹렬하게 옹호하는 사회 시스템"(같은 책: x-xi)이 엄마가 아기를 포기하게 하는 것이다.

1장의 요지를 다시 소환하며 우리는 미혼모, 특히 아기를 입양 보낸 경험이 있는 미혼모가 겪는 일련의 경험이 주변 친구와 친척, 전문가와 정치인이 미혼모를 대하는 방식에 직접적인 영향을 받는다는 사실을 분명히 하고자 한다. 즉 미혼모 스스로가 자신을 인식하는 방식, 그리고 미혼모 됨에 대한 미혼모 자신의 반응은 미혼모 주변 사람들의 인식과 반응에 따른 직접적인 결과물이다. 따라서 미혼모가 아기의 입양을 선택하는 것은 사회적으로 구성된 행위이지 자연스럽게 일어난 결과가 아니다. 미혼 임신이 잘못이라는 느낌은 수치심과 죄책감으로 이어진다. 미혼모에게는 아기를 가진 여성이 겪는 통상적인 스트레스와 긴장감에 수많은 도덕적 압박감이 더해진다. 임신 사실을 알게 된 충격, 가족과 친구들의 반응, 학업 중단과 경력 단절, 아기를 어떻게 할지 결정을 내려야 한다는 압박감 등 엄청난 스트레스를 받는 상황에 놓이게 된다는 사실은 놀라운 일이 아니다. 양육과 입양, 어느 쪽을 결정했든 미혼모의 정신적 긴장감은 출산 후에도 계속된다. 만약 입양을 결정했다면 마음속 소용돌이에 또 하나의 어려움이 추가된다. 그것은 바로 상실이다. 입양을 결정한 미혼모는 주로 스트레스와 상실감으로 고통받는다.

로빈 윙클러와 마거릿 반 케펠은 아기를 포기하고 입양 보낸 경험이 있는 호주 전역의 미혼모를 대상으로 장기적으로 이들이 어떤 심리 상태와 심적 부담 속에 평생을 살아가는지 조사했다(Winkler and van Keppel, 1984). 선구적인 이 연구는 미혼모를 이해할 수 있는 유용하고 소중한 통찰을 제공하는데, 다음 장에서는 이 연구를 중심으로 논의를 이어 가고자 한다.

2. 극심한 스트레스, 이어지는 상실감

앞서 언급했듯, 윙클러와 반 케펠은 생애 첫아기를 출산하고 입양 보낸 경험이 있는 미혼이며 파트너가 없는 여성 213명을 대상으로 연구를 실시했다. 이 연구는 다음 두 가지 사항을 알고자 했다.

첫째, 입양은 미혼모에게 어떤 영향을 주는가?
둘째, 미혼모가 입양으로 아기를 상실했음을 받아들이기 어렵게 만드는 요인은 무엇인가?

연구에 참여한 여성 대부분은 결혼하지 않았기 때문에, 경제적 어려움 때문에, 또는 너무 어리거나 부모님의 강요로 아기를 입양 보냈다. 연구자들은 입양을 상실의 한 형태로 보고 스트레스를 유발하는 중요한 사건으로 해석하는 이론적 틀을 구축했다. 이전에 생산된 연구에서 입양으로 아기를 잃은 미혼모는 혼란스럽고 복잡한 감정을 겪는다는 사실은 분명히 밝혀졌다. 윙클러와 반 케펠의 연구에서도 미혼모 대부분은 아기를 잃은 슬픔을 몇 년간 계속 겪었고, 일부는 시간이 지날수록 더 심한 고통을 느낀 것으로 나타났다. 후회와 죄책감을 느끼기도 했다. 또한 아기가 어떻게 자라고 있는지 알고 싶어 했고, 언젠가 아기를 만나고 싶어 하는 사람도 많았다.

연구진은 출산 시 또는 출산 후 약 일주일 안에 아기가 사망한 산모와 아기를 입양 보낸 미혼모를 비교했다. 놀랍게도 이 둘은 상당히 유사한 경험을 하는 것으로 나타났다. 잘 알려진 바와 같이 관계의 상실(누군가의 죽음이나 이혼으로), 팔이나 다리의 상실(질병 또는 사고로), 일자리 상실(은퇴나 해고로), 아기의 상실(사망이나 입양으로)을 경험한 사람은 충격과 불신, 분노와 원망, 죄책감과 우울감을 경험하고 외부와 단절하는 시간을 갖는다. 이후 일정 기간이 지나서야 비로소 수용과 문제 해결 단계에 이른다. 그리고 이러한 애도 반응을 거치는 것은 극히 정상적인 일임을 밝혔다.

잘 알려진 바와 같이 애도의 단계를 극복하는 개개인의 역량은 다른 사람들의 행동과 태도에 따라 달라진다. 사람들의 말과 침묵, 그들의 행동이나 무반응은 애도하는 사람이 상실에 대처하는 방식에 큰 영향을 미친다. 주변 사람들이나 친지들의 무관심과 몰이해는 애도하는 사람이 다음 단계로 나아가지 못하게 할 수 있다.

출산 전후 아기를 사망으로 잃으면 산모는 복합적인 이유로 애도 단계를 지나는 데 더 큰 어려움을 겪는다. 뱃속에서 사산되거나 출생 후 사망한 아기는 산모로부터 바로 분리된다. 어떤 산모는 아기를 안아 보았을 수 있고, 또 어떤 산모는 그러지 못했을 수 있다. 그런데 애도 단계는 아기를 안아 본 산모가 더 잘 통과한다고 한다. 아기를 안아 보지 못한 산모는 몸속에 있던 아기가 갑자기 없어진 것과 같아서 마치 자신의 일부를 잃은 것처럼 느낀다. 이런 상황이 되면 대개 여성으로서 실패했다고 느끼거나 뱃속에서 분명히 살아 있던 아기를 세상 밖으로 나오지 못하게 했다는 죄책감에 시달린다. '내가 임신 중 뭘 잘못했나?', '해야 할 무언가를 하지 않았나?', '내가 무슨 잘못을 저질러 이런 벌을 받는 걸까?'(Helmrath and Steinitz, 1978: 787)와 같은 생각을 한다.

그런데 친지와 병원 사람들은 누구도 아기 죽음을 입 밖에 내지 않으며 '침묵의 음모'를 공모한다. 산모는 어떤 감정도 드러내서는 안 될 것만 같은 분위기에 휩싸여 있다. 모두 아무 일도 없었던 듯 일상을 산다. 산모는 더욱 고립감을 느낀다. 다른 사람들도 마찬가지다. 과거는 잊고 살라는 식이다. 헬름라스와 스타이니츠의 관찰에 따르면, "아기를 잃은 산모는 슬픔에서 헤어나지 못하는 자신을 자책한다. 하지만 잘못된 것은 그렇게 느끼도록 만드는 외부다. 이들이 직면한 어려움은 아기의 존재를 부정당하는 가운데 아기의 실체를 붙들고 있는 데서 온다"(같은 책: 788). 산모의 가족과 친구들은 아기와 정서적 교류를 한 적도 애착을 형성할 기회도 없었다. 그뿐 아니라 산모가 뱃속 아기와 이미 애착을 형성하고 있었다는 사실도 인지하지 못한다. 따라서 죽은 아기에 대해 입을 닫고 아기를 잃은 산모에게 필요한 지원도, 애도할 수 있는 시간도 제공하지 않는 것이다.

입양으로 아기를 잃은 미혼모는 다음과 같은 점에서 출생 전후 아기가 사망한 산모와 놀랍도록 유사하다(Winkler and van Keppel, 1984: 9-10).

첫째, 미혼모는 출산 직후 아기와 분리되는 경우가 많다. 오늘날은 아기를 보기도 하지만 과거에는 아기를 보지도 못하는 경우가 많았다.

둘째, 의사, 조산사, 사회복지사는 미혼모가 아기와 애착 관계를 형성하지 못하게 했다. 그런데도 미혼모 대부분은 아기와 분리된 후 마치 자신의 일부를 잃은 것 같다고 말한다.

셋째, 병원 직원과 친지뿐 아니라 입양복지사와 친구들은 미혼모가 모든 일을 잊고 가능한 한 빨리 새 출발을 시도하는 것이 최선이라고 믿으며 '침묵의 음모'에 동참한다.

윙클러와 반 케펠 그리고 다른 연구자들에 따르면, 입양이라는 특수한 상황을 경험하는 미혼모는 아기 상실의 슬픔을 애도하는 데 있어서 다음과 같은 어려움을 추가로 경험한다.

넷째, 혼전 성관계에 대한 수치심과 죄책감에 합법적 어머니가 되지 못했다는 수치심과 죄책감이 더해진다. 게다가 도덕적 비난 속에서 출산하고, 출산한 아기를 키우지 못했다는 죄책감은 더 커지고, 비난과 응징은 아기를 입양 보낸 미혼모에게로 향한다.

다섯째, 출산 전후 아기가 사망한 산모와 마찬가지로 미혼모 역시 아기 상실에 대한 죄책감을 느낀다. 하지만 아기 상실을 스스로 초래했다는 생각으로 인해 죄책감을 느끼는 정도는 미혼모의 경우가 더 크다.

여섯째, 사망한 아기는 영원히 사라졌지만, 입양 보낸 아기는 여전히 살아 있다. 통상적으로 입양은 비밀에 부쳐지기 때문에 미혼모는 아기가 어떻게 자라는지, 잘 있는지 알 수 없다. 아기는 없으나 그 아기는 계속 존재한다. 이는 미혼모의 애도 과정을 혼란스럽게 한다.

윙클러와 반 케펠에 따르면 아기를 입양 보낸 여성의 약 절반이 비교적 상실감을 잘 극복했으며 장기적 후유증도 겪지 않았다. 하지만 나머지 절반은 그렇지 못했고 오랜 시간이 지나도 고통스러워했으며 괴로워했다. 조사 결과는 다음과 같다.

첫째, 절반 이상의 여성에게 아기를 입양 보낸 사건은 살면서 경험한 가장 극심한 스트레스였으며, 오랜 시간이 지나도 여전히 그 후유증에 시달린다고 응답했다. 나머지 절반은 자녀의 사망이나 이혼과 비슷한 정도의 스트레스를 경험했다고 응답했다.

둘째, 아기를 입양 보낸 여성은 입양 보내지 않은 여성보다 심리적 장애 즉 우울증, 불안, 알코올 남용뿐 아니라 건강 문제를 겪을 가능성이 대체로 더 많았다(Burnell and Norfleet, 1979 참조). 심지어 어떤 학자들의 주장에 따르면, 입양 보낸 미혼모는 이차적 불임, 즉 입양 보낸 아기 다음의 아기를 임신하는 데 다른 여성보다 어려움을 겪는다(Deykin et al., 1984: 276).

표본 집단 절반의 미혼모는 최대 30년 동안 상실감이 지속되었으며 시간이 갈수록 더 심해졌다.
셋째, 사회적 지지를 받고 감정을 표출할 수 있는 환경에 있는 미혼모는 상실감에서 더 잘 벗어났다.

특히 가족이나 주변 사람들의 이해와 지지가 중요했다. 필요할 때 옆에 있어 주는 것뿐 아니라 이해와 공감 속에 이야기를 들어주어야 하고, 애도 과정에 있는 사람이 상대방이 자신을 원하고 소중하게 여기며 배려하고 있다는 것을 느낄 수 있도록 해야 한다. 어떤 미혼모는 이렇게 말했다.

죄책감이나 자책하는 마음은 들지 않았어요. 아마도 언제나 제 곁에서 사랑과 지지를 아끼지 않고 주신 부모님 덕이었던 것 같아요. (Winkler and van Keppel, 1984: 46)

적어도 이러한 지지가 일 년 동안 계속 이어지면 좋다. 물론 그 이상이면 더 좋은 결과를 얻을 수 있다. 입양 보낸 아이는 보이지 않으나 계속 존재하기 때문에 그 사실을 받아들이기까지 시간이 걸린다. 세월이 지나며 미혼모도 나이를 먹고 아이도 자랄 것이다. 그러면 잃어버린 아기가 어떤 모습으로 성장했는지 알고 싶은 마음은 다시금 절실해진다. 이렇게 입양이 준 상실감은 오래도록 지속되는 것이다(같은 책: 62).
대부분의 미혼모는 잃어버린 아기에 대해 터놓고 이야기하고 자신의 감정을 표출하고 싶어 한다. 하지만 대다수는 이러한 욕구를 충족하지 못한다. 어떤 미혼모는 이렇게 말했다.

말하려고 하면 "다 지난 일이야. 네 인생은 새로 시작되었어"라고 해요. 아무도 제 말을 들어주지 않으려 할 때 더 혼란스러웠어요. (Deykin et al., 1984: 49)

많은 경우 '침묵의 음모'가 작동했다. 은연중에 사람들은 미혼모에게 임신했던 사실도 입양 보낸 아기도 잊으라고 부추겼다. 반 케펠에 따르면, 대체로 사람들은 '침묵의 음모'가 아기를 입양 보낸 미혼모의 명예를 지켜 주는 사려 깊은 행동이라고 생각한다. 그리고 그들은 미혼모가 아기를 원하지 않아서 포기했다고 믿기 때문에 미혼모와 아기 상실에 대해 말하는 것은 쓸데없는 일이라고 생각한다(Van Keppel, 1986: 2). 하지만 다음 인용문에서 알 수 있듯이 이야기하고 감정을 표현하고자 하는 욕구는 아기를 입양 보낸 지 일 년이 지나도 계속된다.

결혼을 앞두고 남편 될 사람에게 과거에 입양 보낸 아기가 있다고 이야기했어요. 그런데 그는 다시는 그 이야기를 꺼내지 말라고 했죠. 그의 말에 이후 입을 꾹 다물었는데 마음이 너무 아팠어요. 마치 지옥에 있는 것 같았죠. (Winkler and Van Keppel, 1984: 49)

반 케펠에 따르면, "아기를 입양 보낸 미혼모는 침묵 속에 고통스러워한다. 왜냐하면 아기를 입양 보내고 슬퍼하는 것은 비정상이라는 믿음으로 인해 고통을 억누르기 때문이다. 그리고 그것은 생각했던 것보다 훨씬 더 고통스럽기 때문이다"(Van Keppel, 1986: 5). 오늘날 많은 연구는 미혼모가 자신의 감정을 표출할수록 상실의 고통에서 벗어나는 데 긍정적 역할을 한다는 점을 분명히 한다.

아기를 포기한 사실을 수용하지 못하는 미혼모는 계속해서 상실감을 느꼈다. 연구 참여자의 절반이 상실감이 감소하거나(38%) 사라졌다(12%)고 응답했으나 나머지 절반은 지속적으로 느끼거나(6%) 더 심해졌다(44%)고 응답했다(Winkler and van Keppel, 1984: 67). 상실감은 시간이 지나며 다양한 형태로 나타났는데, 입양 보낸 아기의 생일이 되거나 학교에 입학하는 나이가 되었을 때, 법적으로 성년이 되는 18세가 되었을 때, 그리고 새로운 임신으로 아기를 출산할 때 잃어버린 아기에 대한 상실감을 느끼는 것으로 나타났다.

모든 것을 비밀에 부치는 입양 관행은 이러한 상실감을 더욱 심화시켰다. 즉 아이가 어떻게 크는지 전혀 알 수 없고 여전히 사랑하고 있다는 사실을 말할 수 없는 답답함, 언젠가 입양 보낸 자녀를 만날 것이라는 막연한 희망은 상실감의 지속과 현실 생활의 부적응으로 이어지는 것으로 보인다. 아기와 헤어졌는데 그 아이는 계속 어딘가에서 성장하고 있다. 그런데 그 아이에 대해 알려고 해서는 안 된다. 아기를 입양 보낸 미혼모가 이런 상황에 있다는 것은 정상적으로 아기의 상실을 애도할 수 없음을 의미한다.

3. 미혼모 이야기

앞서 언급했듯 여성 25명 중 1명은 입양으로 아기를 잃었다. 이 여성에 대해 우리는 무엇을 알고 있을까? 이 여성은 누구일까? 사실 이 질문에 정확히 대답하기는 어렵다. 필시 어리거나 젊은 미혼 여성이었을 것이고 부모님과 함께 살고 있을 가능성이 크다는 것 외에 짐작할 수 있는 것은 없다.

1970년대 중반까지 미혼모에 관한 연구 경향은 다음 둘 중 하나였다. 하나는 미혼모의 인구학적 배경, 즉 나이, 가정 환경을 파악하고 어떤 성향인지 기술하는 것이다. 다른 하나는 심리학적 이론을 적용해서 임신과 출산 후 입양 보내는 이유와 심리적 동기를 설명하는 것이다. 하지만 이와 다른 질문을 하려는 사람들이 등장했다. 이들은 설문 조사를 하고 조사 결과에 이론을 적용해 분석하는 기존의 연구 방식이 미혼모를 대상화했다고 비판했다. 이 새로운 연구자들은 미혼모를 객관적으로 연구하는 기존의 외부자적 관점이 아니라, 미혼모 스스로가 자신의 경험을 어떻게 바라보는지 당사자의 주관적 관점을 알고자 했다. 요컨대 미혼모의 '이야기'를 들으려 한 것이다. 기존의 사회학적 연구 방법이 미혼모의 이야기를 듣는 데 실패했기 때문이다.

> 우리는 수 세기 동안 남성의 목소리에만 귀를 기울여 왔다. (…) 최근 들어서야 그동안 여성의 이야기를 귀 기울여 듣지 않았고, 결과적으로 여성의 목소리는 침묵 속에 있음을 인식하게 되었다. (…) 우리 사회의 집단적 인식과 해석 방식은 여성의 삶이 실제 어떤지 보지 못하게 하고, 그들의 다양한 이야기를 듣지 못하게 하는 데 일정 부분 기여했다. (Gilligan, 1982: 173-174)

게다가 침묵하고 있던 미혼모 당사자가 스스로 이야기하기 시작했다. 조스 쇼여의 『입양, 상실, 죽음』(1979)과 케이트 잉글리스의 『입양 동의, 돌이킬 수 없는 실수』(1984) 등이 바로 그것이다. 또한 『입양 트라이앵글』(Sorosky et al., 1978)에 실린 미혼모 당사자들의 편지는 그들의 관점으로 세상을 바라볼 수 있게 해 주었다. 초기에 시도되었던 분석적이고 임상적인 연구와 달리 미혼모 당사자의 '서사'는 독자에게 강력하고 즉각적인 영향을 미친다. 갑자기 거대하고 감당하기 힘든 상황에 대처하게 된 미혼모의 격동적인 삶에 독자는 순식간에 빨려 들어간다.

라이히는 많은 이야기 속에 강자와 약자 간 힘의 불균형을 탐구할 수 있는 '하위 텍스트'가 함축되어 있음을 발견했다(Reich, 1988: 2). 비록 힘의 관계가 명시적으로 드러나지 않지만 가장 취약하고 무력한 쪽은 미혼모임을 알 수 있다. 이야기가 갖는 힘은 가히 혁신적이다. 이야기의 텍스트화는 미혼모에게 목소리를 부여하고, 미혼모의 존재를 망각하거나 부정하는 사람들에게 말을 건다. 미혼모의 목소리에 귀를 기울이면 입양은 달콤함과 순수함을 잃는다. 그리고 모든 문제를 간단히 해결하는 쉬운 해결책이 아니었음을 알게 된다. 누군가는 값을, 그것도 아주 비싼 값을 치러야 하는 일이 입양이었음을 알게 된다.

아주 서서히 미혼모 스스로 자신의 경험을 이야기하기 시작했다. 모두가 다 말하는 것은 아니지만 말이다. 또한 인종 차이도 있어서, 백인 가정에 아기를 입양 보낸 흑인 미혼모들이 많음에도 불구하고 그들은 아직 침묵하고 있다. 다방면으로 노력하지만 아직 그들의 목소리는 들리지 않는다. 오랫동안 미혼모는 침묵 속에 자신을 드러내지 않고 조용히 지내는 것이 당연하다고 여겼다. 그러나 우리는 이제 안다. 그들이 어떤 경험을 했는지, 그리고 아동과 입양 부모의 이익을 위해 침묵을 지키며 입양 서사에서 조용히 사라져서는 안 된다는 것도 알게 되었다.

우리는 그들의 욕구를 알아야 한다. 잃어버린 아기에 대해 느끼는 그들의 감정을 존중해야 한다. 아기 포기와 입양이 미혼모의 심리에 어떤 영향을 끼치는지 알아야 한다. 수십 년 동안 친생모는 조용히 사라지고 침묵해야 하는 존재로 여겨졌다. 하지만 이제 이런 사회적 통념은 도전받고 있다. 입양 보낸 아기에게 친생모는 실체가 있는 사람으로 남아 있어야 한다. 입양 보낸 아기가 자라서 어른이 되듯, 그들 역시 나이가 듦에 따라 모습이 변화해 가는 사람으로서 존재해야 한다. 입양에 관련된 당사자 삼자 모두의 정서적 건강은 중요하다. 따라서 친생모를 입양 서사에서 추방해서는 안 된다. 아기가 성장하고 커가는 모습에 기뻐하는 여느 엄마들처럼 그렇게 남아 있도록 해야 한다고 우리는 믿는다.

4. 미혼모의 자기 정체성

미혼모가 자신의 경험에 부여하는 의미는 주변 사람들의 반응에 따라 형성된다는 것이 우리의 기본적 주장이다. 일반적으로 사람들의 반응은 미혼모에게 스트레스, 트라우마 수치심을 유발한다. 그래서 거기서 벗어나는 유일한 방법으로 입양을 선택한다. 그런데 그게 얼마나 힘든 결정이었는지 아무도 알아주지 않는다는 것을 나중에야 알게 된다. 용기를 내고 애써 결정을 내렸지만, 미혼모의 도덕적 지위는 여전히 밑바닥에 있다. 아니, 교묘하고도 노골적인 방식에 의해 더 추락한다. 여성으로서 이미 실패했는데 이제는 엄마로서도 실패했다는 자책감에 시달리게 된다. 그제야 세상이 자신을 어떻게 보는지 통렬하게 인지하며 미혼모는 격한 감정 속에서 무엇을 했는지(미혼 임신), 무엇을 할 수밖에 없었는지(입양 선택), 결국은 어떤 여자가 되었는지(혼전 성관계로 임신하고 출산한 아기를 입양 보낸 여자)

를 깨닫는다.

 미혼모 서사를 구성하는 내용, 형태, 그리고 감정의 강도는 임신과 출산 당시 누구와 어떤 상호 작용을 했는지에 따라 달라진다. 그런데 그들이 과거 경험에 대해 느끼는 감정은 놀라울 정도로 비슷하다. 거의 모든 미혼모가 혼전의 성관계와 임신을 부정적으로 보는 강경한 의견과 완고한 태도를 보인 사람들에 의해 포위되어 있었기 때문이다. 이들의 반응이 결과적으로 미혼모의 임신, 출산, 그리고 어머니 됨을 '스트레스를 주는 인생의 사건'으로 만든다.

 앞으로 이어질 세 장에서는 미혼모 서사를 관통하는 주제를 사람과 사건을 중심으로 살펴보고, 미혼모의 삶을 임신, 출산과 입양, 입양 후의 삶으로 나누어 살펴볼 것이다. 이를 위해 앞서 언급했던 소로스키 외(Sorosky et al., 1978), 쇼여(Shawyer, 1979), 잉글리스(Inglis, 1984)의 선구적 연구와 최근에 나온 제니 로켈과 머레이 라이번의 『오늘날의 입양』(1988)을 참조했다. 마지막으로 입양 사후 지원 센터에서 입양으로 아기를 잃은 미혼모와 함께 진행한 집단 모임[1]에서 얻은 자료와 경험을 참조했다. 인터뷰 자료는 개인정보 보호 차원에서 가명을 사용하거나 개인을 특정할 수 있는 정보는 변경했다.

---

[1] 입양 사후 지원 센터는 설립 후 입양 보낸 미혼모들을 대상으로 '우리는 누구인가'Who We Were라는 집단 모임을 열었다. 입양 보낸 미혼모들을 위해 영국에서 최초로 시도된 당사자 집단 모임이다.

3장
미혼 임산부, 주변 사람들, 태어나지 않은 아기

임신을 알게 된 순간 미혼 임산부의 인생은 완전히 달라진다. 감정적, 생리적, 사회적으로도 마치 세상이 뒤집힌 것과 같은 격동을 경험하게 된다. 불편하고 적절하지 못한 상황에서 사랑했거나 심지어 좋아하지도 않는 사람의 아기를 임신했을 수도 있다. 학업과 취업 등 미래에 대한 계획은 미루거나 포기하고, 어쩌면 살던 곳을 뒤로 하고 낯선 곳으로 가서 도움을 요청해야 할 수도 있다. 세상 경험은 없는데 다가올 엄청난 변화에 대비할 준비가 안 되어 있다.

미혼모 당사자의 이야기에 따르면 가장 먼저 찾아오는 고민은 부모에게 알리는 문제다. 이때 부모들의 반응은 이후 미혼모와 미혼모 자녀의 향방을 결정하는 데 중요한 역할을 한다. 아기 아버지는 이 과정에서 그다지 중요하지 않아 보인다. 일부 남성들은 자신이 아기 아버지가 된 사실도 전혀 몰랐다. 그 밖에 친구와 이웃, 교사와 의사, 사회복지사와 미혼모 시설 운영자들이 있다. 이들 역시 미혼 임신 과정에 일정한 분위기를 형성하며 미혼모에게 영향을 끼친다. 그럼 이제 미혼모 당사자, 그의 부모, 아기 아빠, 주변 사람들 그리고 아직 태어나지 않은 아기가 각각 어떤 상황에 있으며 어떤 경험을 하는지 살펴보자.

1. 미혼모 당사자

임신을 알게 되면 불신과 당황, 절망과 낙담에 이르기까지 다양한 감정의 소용돌이 속에 던져진다. 아기에 대한 감정은 복합적이다. 몸과 감정이 변하고 자신을 둘러싼 사회와 물리적 환경도 변하기 때문에 당연하다. 미혼 임산부에게 어머니가 되는 것은 궁금하면서도 두려운 경험이 될 수 있다. 아기를 키울 가능성이 없기에 아기 양육에 대한 생각은 더 강력해진다. 아기를 포기하자고 마음먹으면 복잡한 감정은 정리되지만 곧 상실의 아픔이 뒤따른다.

충격과 부인

미혼 임산부 대부분이 보이는 첫 반응은 임신 사실을 부인하는 것이다. 한 미혼모는 이렇게 회상했다. "애써 부인하려고 했어요. (…) 한밤중에 깨어서 '진짜가 아닐 거야'라고 생각했고 '내일은 괜찮아질 거야'라고 말했어요. (…) 부모님이 깨기 전 새벽 4시쯤 일어나 입덧을 하곤 했는데 임신 때문이 아니라 생리 때문에 아픈 거라고 스스로를 속였어요"(Rockel and Ryburn, 1988: 23).

성관계를 하자고 조르는 남자 친구를 거절하지 못한 크리스틴은 첫 관계를 맺고 임신했다. 열다섯 살이었다.

> 결국 섹스를 하게 됐죠. 침대보는 피로 얼룩졌어요. 그때까지 전 성 경험이 없었으니까요. 처녀성을 잃었죠. 그가 침대보를 갈고 전 도와줬어요. (…) 이후 생리가 나오지 않았어요. 하지만 임신 가능성은 추호도 생각하지 않았어요. 처음이었고, 그

가 듀렉스(콘돔)를 사용했으니까 임신할 리가 없다고 생각했어요. 그리고 임신일 리가 없다고 스스로에게 계속 말했어요. 그때 언니도 임신하는 바람에 엄마가 정신없는데 저까지 임신한 사실을 알면 안 된다는 생각에 계속 임신 사실을 부정했던 거 같아요. 그래서 절대 말하지 않았어요.

하지만 더 이상 임신을 부인할 수 없게 되면 대부분 당황하고 충격에 빠지고 두려워한다. 생리를 거르는 시간이 길어질수록 공포감에 휩싸인다. 1960년, 재닛은 여덟 살의 간호사였다.

임신했다는 것도, 아기 아버지와의 관계가 완전히 끝났다는 것도 꽤 일찍 알았어요. 아이 아빠에 대해서는 하나도 화가 나지 않았고, 지금도 그래요. 그저 순수한 사람이었거든요. 처음에는 아기를 지울까 생각했어요. 어떤 사람이 알약을 줬는데 효과가 없었어요. 낙태 합법화 이전이었어요. 그냥 대수롭지 않게 생각했던 것 같아요. 먹었던 약은 그냥 캔디 같은 것이었나 봐요. 6주쯤 지났는데 아기가 여전히 배 속에 있는 것 같더라고요. 야간 근무를 했는데 점점 더 우울해지고 화가 나서 낮에는 잠을 잘 수가 없었어요. 밤에 일하던 중 너무 아파서 의무실로 갔어요. 그런데 생각해 보니 실제로 아프지는 않았던 것 같아요. 그냥 누군가에게 임신 사실을 터놓고 말할 구실이 필요했던 거 같아요.

임신 사실을 부인하고 이어지는 충격으로 어떤 미혼 임산부는 자기 몸 안에 자리 잡고 계속 자라는 아기에게 화가 나거나 심지어는 증오하는 마음이 들기도 했다고 한다. 아기의 존재는 자신이 과거 했던 행동과 앞으로의 삶이 이전과 달라질 것이라는 사실을 상기시키기 때문이다. 특히 아기 아버지에게 속았다거나 강압적 성관계였다고 생각하는 미혼 임산부가 임신 초기 아기에게 강력한 증오를 품었다.

> 아기 아빠는 관심도 없었어요. 엄마가 말하기를 그 남자는 아기의 존재를 인정하지 않았대요. 저도 아기를 원치 않았고요. 그냥 없애고 싶었어요. 내 안에 있는 그것이 싫었어요. 그냥 정말 싫다는 생각이 들었어요.

피오나는 열네 살 때부터 양아버지에게 성폭력과 반복적인 성적 학대를 당했다. 너무 무서웠고 엄마가 자신을 믿어줄지 확신할 수 없어 아무에게도 말하지 못했다. 열다섯 살 때 생리를 거르기 시작했는데 임신이라고는 전혀 생각지 못했다. 끔찍하고 역겨웠고 양아버지가 경멸스러웠다. 그를 증오했다. 하루가 다르게 몸이 불어났다. 하지만 여전히 임신일 리는 없다고 생각했다. 방에 틀어박혀 있는 시간이 많았고 혼잣말을 하기 시작했으며 다른 사람들이 말하는 소리를 듣지 못했다. '완전히 통제 불능인 상황이라고 느꼈다.' 결국 임신이 들통났다. 엄마는 화를 냈고, 양아버지는 피오나를 향해 "어린 창녀"라느니, 틀림없이 이 남자 저 남자와 "뒹굴었다"라고 고성을 질렀다. 피오나는 자살 생각도 했고 양아버지를 죽일 생각도 해 봤다. 그런데 아기에 대한 감정은 양가적이었다.

> 아기가 좋아졌어요. 제게 무슨 일이 있어도 아기는 변함없이 제 안에 있었죠. 머릿속으로 가상 현실을 만들었어요. 어떤 남

자와 깊이 사랑했는데 결혼 직전 그 남자가 교통 사고로 죽은 상상을 했어요. (…) 양아버지만 그림에서 사라지게 하면 아기는 사랑스러웠어요. 하지만 다시 양아버지가 한 일과 아기가 그 때문에 생겨나게 되었다는 사실을 떠올리면 절대적인 공포와 혐오감이 느껴졌어요. 그럴 때는 아기가 미웠고, 아기가 배 속에서 자라는 암 덩어리처럼 느껴졌어요. (Inglis, 1984: 138-139)

루이스의 경우는 피오나보다 더 심한 성적 학대를 겪었다 (Shawyer, 1979). 매우 엄격한 개혁 제칠일 안식일교 가정에서 자란 루이스는 어릴 때부터 아버지에게 성폭력을 당했다. 아주 수동적이었던 어머니는 아무 말도 하지 않았다. 교회 사람들에게 말한 적도 있는데, 루이스가 거짓말을 하거나 어딘가 아픈 것이라고 넘겨 버렸다. 집을 떠났으나 얼마 지나지 않아 어떤 남자와 관계를 갖고 임신이 되었다. 하지만 어린 시절 경험한 성적 학대 때문에 아기를 갖는다는 생각 자체가 혐오스러웠다.

제 안에 그 끔찍하고 더럽고 매우 부도덕한 것이 있었어요. 인간도, 아기도, 아무것도 아니었고 그냥 더럽고 끔찍한 것이었죠. (같은 책: 160)

이와는 반대로 소수지만 임신한 사실에 놀라지 않고 오히려 기쁨을 느낀 미혼모도 있었다. 입양인으로 자란 캐시는 임신이 필연이라고 느꼈다. "확실히는 모르겠지만, 어떤 면에서 미혼모였던 제 어머니에게 무슨 일이 일어났는지 이해하려고, 그래서 제가 직접 경험하려고 미혼 임신을 시도했던 것 같아요.

(…) 제 이야기는 거기서부터 시작되었다고 생각해요. 제가 입양되었던 그 지점에서 말이죠"(Inglis, 1984: 147). 그리고 이렇게 덧붙였다. "너무 기뻤고, 그때는 말로 설명하지 못했지만 정말 기뻤어요. 아마 제 삶에서 처음으로 내 혈연이 생겼기 때문인 것 같았어요"(같은 책: 152).

수치심과 죄책감

임신을 인정하고 몸에 변화가 일어나기 시작하면 대부분은 수치심을 느낀다. 그리고 새로운 변화에 어떻게 대처할 것인가 고민한다. 고프먼의 멋진 표현을 빌리자면, 이 여성들은 '망가진 정체성'spoiled identity을 다루어야 하는 상황에 놓인다. 이들은 사회적으로 낙인 찍히고 온전히 받아들일 수 없는 개인으로 취급받는다. 그리고 낙인으로 인해 도덕적 가치를 재평가받게 된다(Goffman, 1963). 고프먼은 또한 낙인을 가시적인 것과 비가시적인 것으로 구별했다. 전자는 임신한 배가 공공연히 드러나는 경우에 가해지고, 후자는 입양을 보낸 후 과거가 밝혀지면 가해질 수 있는 잠재적 낙인이다. 가시적 낙인에 봉착한 미혼모는 이미 도덕적으로 신뢰를 잃은 사람이다. 따라서 어떻게 행동해야 할지 고민한다. 한편 비가시적 낙인에 봉착한 미혼모는 언제든 과거가 드러나면 신뢰를 잃게 되므로 자신의 정보를 관리하는 것이 관건이다. 비가시적 낙인에 대해서는 5장에서 다루기로 하고 여기서는 가시적 낙인 속에 있는 미혼 임산부에 대해 좀 더 상세히 살펴보겠다. 이들이 가장 먼저 경험하는 감정은 수치심이다. 자신이 도덕적이고 사회적인 기준을 위반했다고 생각하기 때문이다.

당시에는 아마도 수치심이 가장 컸던 거 같아요. 너무 부끄러웠어요. 제가 성관계를 했다는 것이 분명히 드러나잖아요. 나는 어렸고 성관계를 가지면 안 되는데 잔뜩 튀어나온 배가 세상에 대놓고 말하는 거잖아요. 사람들은 "아이고 부끄러워라, 저 화냥년" 그러면서 제게 손가락질할 테니까요! (Rockel and Ryburn, 1988: 23)

수치심에 이어 죄책감이 따른다. 잘못을 저질렀고 불명예스러운 일을 했음을 알게 되기 때문이다. 지역 사회의 도덕과 가족의 품위를 유지하려는 부모를 둔 여성일수록 죄책감은 컸다. 사회적 지위를 위협받게 되는 중산층 가정이나 육체의 죄를 지었다고 생각하는 종교적 배경을 가진 가정의 미혼모들이 특히 큰 죄책감을 느꼈다.

알다시피, 기독교인으로서 결혼하기 전 누군가와 잠자리를 가지면 죄를 지었다는 느낌을 피할 수 없어요. 지금은 완전히 터무니없는 생각이지만 그땐 그렇지 않았죠. 난 스무 살이었고 기독교를 믿는 국가와 가정에서 자랐어요. (…) 죄책감은 계속 따라다녀요. 정말 그래요.

몰리의 경우는 죄를 지었다면 벌을 받는 것이 마땅하다고 생각했다.

임신을 알았을 때 차라리 안심했어요. 마땅히 받아야 할 벌을 받은 거니까요. 성관계를 갖는 것에 대한 죄책감이 너무 커서 술에 취하지 않으면 할 수 없었어요! 2주 정도가 지났을 때 임신한 것을 알았어요. 어떤 사람들은 정말 오랜 시간이 지나도 모르거나 임신이 아니라고 스스로를 속이기도 하는데, 그런 사람들이 정말 놀라워요. 제가 봤을 때 그런 사람들은 죄책감이 별로 없는 것 같아요. 저는 너무 죄책감에 시달려서 언젠가 벌을 받을 거라고 확신하며 살았어요! 어린 나이에 성 경험을 하다니! 끔찍하고 겪어서는 안 될 일이었죠. 생리가 나오는지 절박한 심정으로 확인하는 것이 정말 너무 무서웠어요. 며칠 늦어지기만 해도 공황 상태에 빠졌죠. (Inglis, 1984: 53)

고립감

주변 사람들이 적대적인 반응을 보이고 거부당하는 느낌을 받을 때 미혼 임산부는 이제 혼자 남겨졌다는 사실을 감지한다. 부모님이나 아기 아버지는 남들의 이목만 걱정한다. 아무도 자신의 입장은 이해하려 하지도, 어떤 상황에 있는지 알려고도 하지 않는다. "네가 자초한 일이니 감수해야 한다"는 말은 고립감에 시달리게 한다. 가족이라는 테두리 너머의 삶이 어떤 것인지 아직 잘 모르는 미혼모에게 고립감은 상황을 더욱 악화시킨다. 사만사는 "철저히 혼자라는 느낌, 완전한 고립감. 정말 최악이었어요"라고 과거를 회상했다. 그리고 "악몽에 시달리는 내내 혼자였어요. 아무도 알아주거나 관심 가져 주지 않았어요. 이런 일이 정말 나에게 일어나고 있다는 것이 도저히 믿기지 않았어요"라고 말했다. 지넷은 "낯선 도시에서 임신한 몸으로 친구도 없이 혼자 지냈어요. 스스로가 정말로 무가치하게 느껴졌죠"라고 했다. 열아홉 살 생일이었는데도 아무런 느낌이 없었다고 했다. "내가 어디가 잘못된 사람이 아닌 이상 이런 일이 나에게 일어날 리가 없다고 계속 생각했어요"(Inglis, 1984: 86).

기억을 잃어버리거나 아니면 정확히 기억하거나

임신 당시 일을 생생히 기억하는 미혼모가 있는가 하면 무슨 일이 있었는지 희미하게 기억하는 경우도 있다. 이런 미혼모들 대다수는 마치 꿈속에서 일어난 일처럼 느꼈다. 어쩌면 임신을 애써 믿지 않고 부인했던 것처럼, 당시의 끔찍한 기억을 차단했기 때문일지 모른다. 이런 경우에는 구체적인 내용을 거의 기억하지 못했고 임신이 너무 고통스러웠다고 어렴풋이 이야기했다. "정말 이상해요," 아이리스가 의아해했다. "딸이 언제 태어났는지, 그러니까 태어난 날도, 병원에는 어떻게 갔는지도 생각이 안 나요. 꿈속을 떠다닌 것 같아요. 이게 무슨 말인지 아실지 모르겠는데, 나는 나인데 내가 아니었어요." 옆에 있던 프루도 동의했다.

> 그 후로 모든 것이 아주 흐릿해졌어요. 마치 다른 사람에게는 안 보이는 컨베이어 벨트 위에 올라선 것 같았어요. 저는 거기서 결정을 내리지 못했고, 두려워하지도 않았고 그냥 벨트 위에 실려 어딘가로 가는 것 같았어요. 제가 아닌 다른 누군가가 된 것 같았어요. (Inglis, 1984: 26)

미혼모는 주변 사람들로부터 임신했다는 사실도 아기가 있었다는 사실도 다 잊어야 한다는 말을 듣는다. 그런데 그들의 말은 성공적으로 작동한 것 같다. 패티는 "마치 다른 사람에게 일어난 일 같았어요. 그때 일어난 모든 일이 제게 일어난 일 같지 않아요. 저는 쾌활하고 매력적인 두 아이의 엄마이자 변호사의 정숙한 아내예요. 나는 누구냐고요? 잘 모르겠어요. 나이가 들수록 저란 사람은 다른 사람과의 관계에 의해 규정되는 거 같더라고요"(Shawyer, 1979: 141).

반면 어떤 사람에게는 중요한 일이 벌어졌던 시간으로 기억된다. 새로운 장소로 이동했고 모르는 얼굴들에 둘러싸였으며, 신분과 역할에 변화가 생기고 몸도 변했다. 세상은 갑자기 뒤바뀌었다. 당혹스러움과 두려움 그리고 놀라움의 연속인 그야말로 미친 날들이었다. 소피아의 이야기는 그녀가 얼마나 광란의 소용돌이에 있었는지 말해 준다.

웃긴 것은 딸을 낳고 입양 보낸 것 그 모든 일을 잊어버렸다는 거예요. 아마 감정적으로 너무나 힘든 시간을 보냈기 때문인 거 같아요. (…) 부모님과 살 때 남자와의 데이트는 금지였어요. 대학 가서 실컷 자유를 누렸죠. (…) 졸업 후에는 셰필드에 정착했어요. 스물세 살이었어요. 아직 세상 물정 모르는 스물세 살 (…) 여기저기 돌아다니며 히피처럼 살았어요. 브리스톨에서 끔찍한 연애를 했어요. 그와는 헤어졌죠. 그리고 어느 날 동네 술집에 갔다가 어떤 남자를 만났어요. 마치 로맨스 소설처럼 들리겠지만 그날 밤 그 사람 집에 갔어요. 그리고 동거를 시작했죠. 저는 그에게 완전히 푹 빠졌어요. 결혼도 했고 아이들도 있는 사람이었는데 혼자 살며 클래식 음악과 재즈 분야 일을 하고 있었어요. 나보다 나이가 많았죠. 전에 만났던 사람과 달리 아주 세련된 남자였어요. 두 달도 채 안 되어 그가 저에게 "이혼 절차가 완료되면 당신과 결혼할 거야. 당신이 내 아이를 낳아 줬으면 좋겠어"라고 말했어요. 자기 아이들이 그리웠기 때문이었죠. 그래서 그때 처음으로 피임 없이 사랑을 나눴고 바로 임신했어요. (…)

그런데 임신 사실을 알고 난 뒤에 그는 종종 외박했어요. 너무 속상했죠. 왜냐하면 다른 여자들과 함께 있는 것 같았거든요. '어떻게 그럴 수 있지? 사랑한다고 하고, 자기 아이까지 가졌는데'라고 생각하며 속상해했어요. (…)

임신 3개월 때 어떤 여자가 찾아왔어요. 제가 금발로 염색하면 딱 저렇게 생겼겠다 싶을 정도로 저와 비슷하게 생긴 여자였죠. 문을 열어주니까 저에게 "누구세요"라고 하는 거예요. 그래서 "피트의 약혼녀예요"라고 했더니 "아니, 피트의 약혼녀는 난데" 그러더라고요. "무슨 소리죠? 내가 약혼녀고 저는 지금 임신 중이예요"라고 했더니 자기는 피트와의 사이에 두 살 된 아들이 있고 곧 결혼할 거라는 거예요. 우리는 마치 두 마리 고양이처럼 현관 앞에서 서 있었어요. 갑자기 세상이 무너지는 것 같더라고요. 결국 저는 "아무래도 들어오셔야겠네요"라고 말했어요. 집에 들어와 우리는 그가 얼마나 나쁜 놈인지 욕을 하면서 술에 흠씬 취했고 같이 엉엉 울었어요. 그리고 그녀는 자기 집으로 돌아갔죠. 나중에 그에게 말하니까 '아, 그 여자랑 오래전에 끝났어'라고 하면서 얼버무리더라고요. 하지만 또 다른 여자가 나타났어요. 그의 아기를 두 번이나 낙태했다고 하더라고요. 그는 완전히 문란했어요. 얼마나 낙담이 되던지. 그래도 나는 여전히 사랑에 눈이 멀어 그와 살려고 했어요. 하지만 경제는 파탄이 나고 살던 집이 압류되었어요. 그는 부모님 집으로 들어갔고 전 머물 곳을 찾다가 (…) 맨체스터에 있는 대학 때 친구 집으로 들어갔죠.

낙태를 알아봤더니 의사는 임신 16주이기 때문에 안 된다고 했어요. 불법 낙태를 시도했는데 정말 역겨웠어요. 수술은 성공하지 못했고요. 그 이후 6개월 내내 아기가 다친 건 아닌지 전전긍긍하는 끔찍한 시간을 보냈죠. (…) 맨체스터에 있는 친구의 아파트는 낡고 지저분했지만 그래도 머물 곳이 되어 주었어요. 피트는 그 이후 전혀 연락이 없었고요. 정말 가슴 아프더라고요. 내 전화를 받지 않아서 옆집에 전화했어요. 그분이 하는 말인즉슨 "이런 말 하기 싫지만, 당신을 내보낸 날 다른 여자를 오게 했어"라는 거예요. 정말 끔찍하게 들리겠지만, 그를 죽이기로 결심했어요. 너무 강렬했어요. 부엌에서 가장 날카로운 칼을 꺼내서 핸드백에 넣고, 기차를 타고 브리스톨로 갔어요. 거기에 도착하자마자 네델란드 사람들이 그렇게 하듯 용기를 내기 위해 술집에 들어가서 사과주 두 병을 마셨어요. 그리고 그의 집까지 걸어가서 문을 두드렸어요. 그런데 아무도 없더라고요! 그때 그가 있었으면 어떻게 되었을지 지금 생각해도 끔찍해요. 전 옆집 아줌마를 붙잡고 펑펑 울다가 맨체스터로 다시 돌아왔어요. (…)

임신 5개월에 사랑스러운 남자를 만났어요. 아주 멋진 사람이었어요. 내가 헐렁한 옷을 입고 있어서 임신한 줄 모르고 데이트 신청을 했어요. 다음 날 밤 그를 다시 만났어요. 저는 다른 옷을 입고 있었고 결혼 반지도 끼고 있었죠. 그는 "오, 세상에!"라고 말했어요. 제 모습을 보고 기혼 임산부와 데이트했다고 생각한 거죠. 그는 정말 멋진 사람이었어요. 제 사정을 알고 친구로서 저를 계속 챙겨 줬어요. 출산이 다가왔을 때쯤 에클레스 로드에 있는 그의 아파트로 이사했어요. 아기를 낳을 병원에서 가까운 곳이었거든요.

2. 미혼모의 부모

지금까지는 미혼모 자신의 경험과 느낌 그리고 생각을 알아보았다. 하지만 앞서 언급했듯 미혼모의 경험과 느끼는 감정과 생각은 사회적 진공 상태에서 발생하는 것이 아니다. 주변 사람들은 각자 의견을 제시했다. 어떤 의견이냐에 따라 수용 또는 거부당하는 느낌, 가치 있거나 무가치하다는 느낌, 온전하거나 그렇지 못하다는 느낌을 갖게 된다. 미혼모의 부모만큼 미혼모에게 영향을 끼치는 중요하고도 핵심적인 사람은 없다. 결혼 제도의 보호를 받지 못하는 미혼모는 가족의 보호, 지원, 도움이 누구보다 절실하다. 어떤 부모는 딸을 돕기 위해 똘똘 뭉쳐서 임신의 고통과 어려움을 덜어 주었다. 열다섯 살에 임신한 샌드라는 어머니와 아버지의 지지에 고마워했다.

> 엄마와 아빠는 정말 훌륭했어요. 두 분은 정말 큰 지지자가 되어 주었죠. 두 분께도 힘든 일이었을 텐데 말이죠. 제 의견을 존중하려고 애쓰셨던 것 같아요. 그런데 어린 나이에 결정을 내리기가 정말 어려웠어요. 두 분은 저를 압박하거나 강요하지 않았어요. 정말 잘해 주셨어요. 제가 어떤 결정을 내렸든 두 분은 저를 지지했을 거라고 생각해요.

샌드라는 운이 좋은 경우였다. 대다수의 부모는 지지는커녕 분노와 원망의 말을 퍼붓고 고통을 주었다. 미혼모는 부모를 실망시키고 가족에게 수치와 불명예를 안기는 존재였다.

> 아기 아빠는 제가 사랑한 사람이었어요. 그도 저와 결혼하고

싶어 했고 아기가 태어나길 잔뜩 기대하고 있었어요. 그런데 부모님 허락을 받으러 갔는데 우리가 너무 어려서 안 된다는 거예요. 두 분은 제가 가문에 치욕을 안겼다면서 길바닥에 던져 버리겠다고 했어요. 어머니는 제가 성적으로 문제가 있다며 정신과 의사에게 데려가서 정상인지 알아보려고 했어요. (Shawyer, 1979: 108)

안젤라의 어머니는 딸에게 전화해서 매우 심각한 목소리로 집에 오지 말라고 했다. "네가 뭘 하든 집에 오지 마. 이웃들이 알면 안 되니까. 오지 않겠다고 약속해라. 친척들까지 부끄럽게 만들지 말고." 어머니는 딸에게 아무에게도 말해서는 안 된다며 50파운드의 돈을 보내기도 했다. 이러한 이야기를 통해 우리가 알 수 있는 것은 부모의 가장 큰 걱정이 딸의 임신으로 인해 자신들이 겪게 될 고통과 닥쳐올 수치 그리고 불명예였다는 사실이다. 재닛도 비슷한 이야기를 했다. "그 누구도 알아서는 안 되는 극비 사안이었어요. 이웃도 알아서는 안 되고 절대 비밀로 해야 했어요." 부모는 "믿었던" 딸이 자신을 "실망시켰다"고 느꼈다. 도대체 무엇을 잘못했길래 이런 일을 겪게 하는지 딸에게 묻는 부모도 있었다. 메리가 임신 사실을 털어놓자 아버지는 어찌할 바를 몰랐다.

저는 아버지가 가장 예뻐하는 딸이었어요. 임신 사실을 알고 아버지는 자살을 생각할 정도로 괴로워하셨어요. 미친 사람 같았어요. "외투를 입어라"라고 저에게 말했어요. 어머니가 "어디 데려가?"라고 물으니 "강으로 데려갈 거야, 애를 데리고 강으로 갈 거야"라고 화를 내며 똑같은 말을 계속했어요, "어떻게 나에게 이럴 수 있니? 내가 너를 얼마나 사랑하는지 모르니?"라고 했죠. 어머니는 분위기를 바꿔 보려고 "외투는 필요 없을 텐데. 강에 뛰어들 거면 말이야"라고 말했죠. 우리는 상황이 심각했음에도 불구하고 순간 웃었어요. (…) 그런데도 아버지는 저를 차에 태웠죠. 저는 벌벌 떨고 있었어요. 아버지는 "메리, 이제 너와 말하지 않겠다. 말하지 않을 거야. 너는 나에게 너무 큰 상처를 줬어"라고 했어요.

상처는 곧 분노가 되었고, 어떤 경우에는 학대로 바뀌었다. 그리고 딸의 행동에 대한 혐오를 표출했다. 창녀나 음탕한 존재로 몰기도 했다. 잘못했고, 문제를 일으켰으며, 그러므로 벌을 받아야 하고 다른 사람의 눈에 띄지 않도록 사라져야 하는 추방자가 되었다.
열일곱 살의 조이는 어머니에게 임신 6개월이라고 말했다.

어머니는 제가 말을 끝내기도 전에 등을 돌리시더라고요. 그러고는 다시 돌아서서 저를 경멸하듯 쳐다보며 "당장 나가. 음탕한 것, 내 이럴 줄 알았어. 나가라고, 꼴도 보기 싫어"라고 소리쳤어요. (Inglis, 1984: 32)

크리스틴은 첫 경험에서 임신했다. 남자 친구는 사용하던 콘돔이 빠진 것 같다고 말했다. 크리스틴은 열다섯 살이었다. 병원에 가서 임신을 확인했다. 의사는 임신 사실을 어머니에게 알리겠다고 했다.

엄마가 와서 저를 병원에 데리고 갔고, 그때부터 잔소리를 시작했어요. 제가 무너지기 시작한 건 바로 그 순간부터였던 것 같아요. 병원에서 돌아와 엄마는 저를 집에 내려 주고 지역 학교에서 운영하는 헬스 클럽 회의에 갔어요. 저는 그냥 앉아서 밤새 울었어요. 너무 힘들었어요. 아빠가 안아 줬지만 계속 눈물이 나왔어요. 아빠가 다시 저를 안아 주셨어요. 하지만 엄마는 그걸 좋아하지 않았죠. 아빠에게 저를 안지 말라고 했어요. 그 이후로 아빠는 저를 한 번도 안아 주지 않으셨죠. 학교가 끝나고 집에 오면 그냥 울었어요. 정말 밤새 울었어요. 부모님은 저를 쳐다도 보지 않았고 무시했어요. (…)

엄마는 저와는 다른 삶을 산 분이었어요. 그러니 저의 임신을 받아들일 수 없었죠. 하지만 도가 지나쳤어요. "더러워. 계속 씻어야 해. 그래도 다시는 깨끗해질 수 없어. 아무도 너를 원하지 않을 거야. 결혼식 드레스도 못 입을 거고"라는 말을 했어요. 전 그런 건 상관없었어요. 하지만 엄마는 세상이 끝난 것처럼 말했어요. "아무도 너를 원하지 않을 거야, 어떤 엄마도 자기 아들이 너와 사귀게 두지 않을 거야"라고 말했어요.

학기가 끝난 후에는 아예 방에서 못 나오게 했어요. 누군가가 집에 오면 저는 침실로 뛰어가 숨었어요. 이웃들에게 들킬까 봐 마당에는 나가지도 못했어요. 목사님이 집에 오곤 했는데 저는 정말 절대로 그를 용서하지 않을 거예요. 어느 날 목사님, 엄마, 아빠가 뒷방에 앉아서 저를 위한 기도회를 열었어요. 목사님은 제게 말조차 걸지 않았어요. 그 방에 들어갔는데 저 보고 나가라고 했죠. 마치 제 안에 악마라도 들어 있는 것처럼 말이죠. (…)

임신한 지 약 6개월쯤 되었을 때 태동을 느꼈어요. 행복했어요. 어느 날 학교 근처에 사는 친구 주디스의 집에 갔어요.

집에 돌아올 때는 친구 아버지가 데려다줬어요. 너무 친절한 분이었어요. 집에 돌아오니 엄마가 제게 대뜸 하는 말이 "아직도 아기가 안 떨어졌니?"라고 말했어요. 제가 "아니요"라고 대답하자 엄마는 "그랬으면 좋았을 텐데"라고 했죠. 하지만 전 그때 뱃속 아기의 태동을 느끼고 있었는걸요.

먼 친척 집 또는 시설로 보내다

체면 때문에 많은 미혼 임산부가 집에서 멀리 떨어진 곳으로 보내졌다. 이런 결정의 기저에는 무겁고 피할 수 없는 논리가 깔려 있다. 그것은 미혼 임산부를 멀리 떠나보냄으로써 그 부모가 수치와 창피함을 모면할 수 있다는 논리다. '망가진 정체성'은 미혼 임산부를 낯선 곳으로 옮겨 버리는 간단한 편법으로 관리되었다. 임신 사실을 기쁘게 알리고 세상의 축하를 받는 기혼 여성과 달리, 미혼 임산부는 축하나 인사는커녕 부끄러워 고개를 들지도 못했다. 이들은 은밀한 삶을 살 것이 기대되었다. 그리하여 미혼 임산부는 아기를 낳아 입양 보내고 집으로 돌아가 아무 일도 없었다는 듯 살았다. 아무도 아기에 대해서 말하지 않았다. 말하기 거북한 주제이기도 하지만, 단순히 아기가 어찌 되었는지 아무도 모르기 때문이기도 했다. 미혼 여성의 임신은 철저하게 '안 보이는 것'으로 만들어졌다. 실제 일어난 적이 없던 것처럼 말이다.

기혼 여성과 미혼 여성의 임신처럼 극명하게 대조되는 일도 드물다. 실망은 희열과 대비되고, 미혼 임산부는 기대와 희망이 아닌 불안한 미래와 마주하게 된다. 아기를 갖는다는 것은 상당히 특별한 경험이다. 첫 아이라면 더욱 그럴 것이다. 주변에서 임신을 어떻게 받아들이는지에 따라 미혼 임신이 경험되는 방식이 다르고 그것은 미혼모의 삶에 지속적으로 영향을 미친다. 임신은 더러운 것이고, 사람들 눈앞에서 사라져야 하며, 아기를 입양 보내고 난 후에는 임신한 사실조차 부정된다. 일련의 과정은 이 여성들에게 치유될 수 없는 상처를 남긴다.

한 미혼모는 부모님이 곧 자신을 어딘가로 보낼 것을 예감했는데 정말 그 일이 벌어졌다.

> 임신 6주였는데 다른 곳으로 가 있으라고 하더라고요. 생각해 보면 왜 그렇게 빨리 집을 떠나게 했는지 궁금해요. 임신 6주면 아직 표도 안 나잖아요. 하지만 식구들은 알았으니까 집에 있을 수 없었던 거 같아요. 마치 전염병이라도 걸린 사람처럼 대했어요. (Rockel and Ryburn, 1988: 24-25)

먼 곳에 있는 친척은 일탈한 딸을 보내기 좋은 곳이었다. 친척 집에 보내진 디혼 임산부는 자신의 처지를 알고 감사하는 마음으로 과거를 뉘우치며 얌전히 지내야 했다. 당당하게 고개를 들 수 있는 상황이 아니었다. 그들은 사람들이 베풀어 주는 자비에 감사하며 훈계하면 조용히 그리고 예의 바르게 들어야 했다. 왜냐하면 미혼 임산부는 타락한 여성이기 때문이었다.

몰리는 이렇게 말했다. "부모님이 저를 언니와 형부에게로 보냈어요. 형부는 한때 신부였고, 언니는 수녀가 되려 했었죠. 둘 다 독실한 가톨릭 신자예요. 언니와 형부는 형편없는 저를 위해 훌륭한 일을 하고 있다고 생각했어요. 정말 끔찍했어요. 나중에 언니 집을 나와 미혼모 시설로 갔는데 차라리 기뻤어요."(Inglis, 1984: 55). 조이는 "곤경에 빠진 소녀들을 위한 집"에 보내졌다. "제 생각에 괜찮았던 것 같아요. 제게 소리를 지르거나 그러지는 않았으니까요. 하지만 아시잖아요. 풀이 죽어 지내야 하고, 불평도 할 수 없고, 감정도 표현하면 안 되는 생활을 했어요. 대부분 정말 얌전하게 불쌍한 표정을 지으며 조용조용 지냈죠"(같은 책: 33). 하지만 시설 사람들은 미혼모를 죄인처럼 대했다. 재닛은 그곳에서의 시간이 전혀 즐겁지 않았다고 했다.

> 사실 저에게는 선택의 여지가 없었죠. 집에서 계속 지내는 건 생각조차 못 했던 거 같아요. 임신 마지막 6주 동안, 아니 임신 기간 내내 지낼 곳이 있다는 것을 알고 모두 안심했죠. 가족들은 제가 다른 곳에 있다가 아기를 낳은 후에는 입양 보내고 예전과 같은 모습이 되어 돌아오기를 기대했어요. 시간이 지나고 점점 더 배가 불러오자 더는 집에 있을 수 없었어요. 제가 없어져야 부모님이 편히 살 수 있을 테니까요. (…) 미혼모 시설로 갔어요. 마치 죄인을 다루는 듯했어요. 끔찍했죠. 그런데도 아무도 반항하지 못했어요. 우리도 그곳은 행실이 나쁜 여자애들이 가는 곳인 것을 알고 있었으니까요.

3. 미혼모 주변 사람들

미혼 임산부가 되면 지위가 하락하고 운신의 폭이 좁아졌음을 주변 사람들의 반응을 통해 확실히 확인하게 된다. 부정적인 반응과 맞닥뜨리면 미혼 임산부는 상처를 입고 자신이 도대체 어떤 종류의 사람이었는지 생각하게 된다. 패티는 "그 시기에 가장 친한 친구가 결혼을 했는데 저를 결혼식에 초대도 하지 않았어요. 너무 상처가 되더라고요. 안 왔으면 한다는 식으로 예의 바르게 말했지만 말이죠"(Shawyer, 1979: 130)라고 말했다.

반면 프루의 친구 중 한 남자 친구는 다르게 반응했다. 임신에 별로 개의치 않고 여전히 프루를 좋아해 주었다. 그리고 도와주려고 했다. 실제 도움을 받지는 않았지만, 그 마음이 고마웠다.

> 친한 친구가 말해 주었는데 그 애는 저와 결혼도 생각했다고 하더라고요. 그런데 저는 말도 안 된다고 생각했어요. 어리석게도 또 사랑에 빠지다니. 그는 좋았지만, 뱃속 아기는 다른 사람의 아기잖아요. 그래서 죄책감을 느꼈어요. 그에게 짐을 지우는 것 같았거든요. (Inglis, 1984: 25)

미혼모 시설에서 긍정적인 경험을 한 미혼 임산부도 있었다. 패티는 자기가 있던 곳은 좋았다고 했다. 원장님은 "매우 친절"했고 전체적으로 "행실이 나쁜 여자애들"로 여길지언정 무시하거나 적대적이지 않았다. 재닛은 시설에서 "벌을 받는 기분"이었지만 친절한 사람도 만났다고 했다. 출산 전 몇 달 정도는 외부에 나가 유급 노동을 하기도 했다.

> 시설은 버밍엄의 한 에이전시와 계약을 맺었고, 저희는 모두 취업을 하고 급여를 받았어요. 결혼한 여자처럼 보이기 위해 모두 '부인'이라는 직함을 받고, 결혼 반지인 것처럼 울월스 마트에 가서 탄지를 사서 꼈어요. 저는 번 돈으로 시설 생활비를 냈어요. 미혼모 시설은 여자 두 명이 운영했어요. 한 명은 꽤 따뜻한 사람이었지만 다른 한 명은 완전히 나쁜 사람이었어요. 우리는 여섯 시까지 시설로 돌아와야 했고 열 시까지는 잠자리에 들어야 했어요. 방문객은 허락되지 않았고요. 사람

들을 만날 수 있는 시간은 토요일 오후 두 시부터 다섯 시까지였어요. 나머지 시간에는 시설 내에서만 지내야 했고 일요일에는 교회에 가야 했어요. (…) 저는 작은 주문 제작 공장에서 일했는데 대부분이 저와는 다른 진짜 노동 계층의 소녀들이었어요. 모두 제게 친절하고 잘해 줬어요. 그 애들에게 제 이야기를 다 했어요. 그랬더니 공장 친구들은 자기 엄마가 해 주었다며 음식을 싸서 가져다주기도 했어요! 그리고 뜨개질한 것도 가져다주었죠. 누가 저를 위해 뜨개질을 해 주다니요. 그들은 정말 친절하고 다정했어요.

하지만 대체로 시설에서 생활해야 했고 외부인을 만나는 일은 드물었다. 미혼모는 전략적으로 사회와 분리되었기 때문이다. 고작 보건 복지 분야에 종사하는 사람들을 만나는 것이 전부였다. 외부에서 하는 출산 전 산모 교실도 있었지만 미혼 임산부가 가면 차갑게 대했다.

크리스는 과거를 회상하며 "미혼 임산부들은 출산 전 산모 교실에는 가지 않았다"고 기억했다. 특히 "입양 보낼 계획이라면 더욱 못 갔죠. 미혼으로 임신한 것도 어이없는데 입양까지 보내면서 산전 교육에 참여하다니요! 미혼 임산부는 똑같은 임산부였지만 남들처럼 산전 관리를 받지 못해요. 사람들은 미혼모는 게을러서 그런 데 신경을 안 쓴다고 생각하지만 사람들이 그런 식으로 생각하니까 못 가는 거예요"(Inglis, 1984: 116).

쇼여 역시 미혼 임산부였을 때 보건 분야 종사자들이 미혼 임산부는 아기를 가치가 없거나 중요하게 생각하지 않는 존재로 취급하는 느낌을 받았다고 한다. 과거를 떠올리며 그녀는 이렇게 썼다.

정서적, 경제적, 사회적으로 안정적인 기혼모는 주변의 지지까지 '듬뿍' 받는다. 반면 정서적, 경제적, 사회적 상황이 극도로 취약한 미혼 임산부는 지원을 받기는커녕 가족과 사회로부터 '신뢰'조차 받지 못한다. 이렇게 되면 스스로도 자신을 믿지 못하고 아기를 키울 수 없을 것이라는 생각을 하게 된다. 가장 필요한 순간 자신에 대한 믿음을 잃은 미혼 임산부는 마침내 양육과 입양을 결정해야 할 때가 오면 수동적으로 입양에 '동의'하게 된다. (Shawyer, 1979: 16)

4. 태어나지 않은 아기의 아버지, 친생부

아기의 아버지는 미혼모 이야기에서 그리 중요한 인물로 등장하지 않는다. 이는 미혼모가 그를 사랑하지 않기 때문이 아니라, 앞으로 벌어질 일에 실질적으로 도움을 주지 못하는 존재이기 때문이다. 아기 아빠는 아마도 아직 어리거나 학교에 다니는 중일 수 있다. 또는 기혼이거나 무책임하고 가난해서 결혼할 수 없거나 결혼을 원하지 않는 사람일 수도 있다. 그럼에도 불구하고 미혼 임산부가 결혼을 감행했다면 주위의 비난을 면하고 입양은 고민하지 않았을 것이다. 하지만 결혼을 선택할 수 없거나 하지 않았기 때문에 미혼 임산부의 삶은 달라졌다.

이제 무엇을 하고 어디로 갈 것인지 상황을 정리할 필요성이 점점 시급해지면서 아기 아빠는 미혼모의 관심에서 멀어지고 중요하지 않은 존재가 된다. 이로써 친생부는 서사에서 완전히 사라지게 되는 것이다. 어떤 미혼모는 이에 억울해하고 화를 냈다. 하지만 많은 경우 대수롭지 않게 여기거나 중립적인 태도를 취했다. 레이노의 연구에 참여한 미혼모 삼 분의 일은 친생부 생각에 개의치 않고 스스로 알아서 할 것이라고 대답했다. 그리고 대부분은 아예 남자에게 임신 사실을 알리지도 않았다. 친생부에게 알렸을 경우 반응은 다양했다.

> 미혼모가 임신과 아기에 대해 의논했을 때 친생부 중 4, 5명은 임신을 지지했다. 5명은 아기를 입양 보내라고 했고, 31명은 입양이 최선이 아니겠냐는 미혼모의 의견에 동의했으며, 3명은 미혼모의 결정에 달려 있다고 했다. 5명은 결혼해서 아기를 키우자고 했으나 미혼모가 이에 동의하지 않았다. 14명은 관심이 없었고 13명은 입양에 반대했다. (Raynor, 1971: 17)

실라는 아기 아빠 더그에 대해 이렇게 말했다.

> 아기를 키우라거나 포기하라거나 강요하지는 않았어요. 나름대로 꽤 지지해 주었어요. 자기 엄마에게 아기를 키우게 하는 방법도 괜찮을 거 같다고 했어요. 그런데 더그는 직업이 안정적이지 않았죠. 폭력적이기도 했고 정말로 철이 없었죠.

마거릿은 아기 아빠인 짐을 믿을 수 없었다. 짐은 열아홉 살로 마거릿보다 세 살 위였다. 귀찮도록 성관계를 요구했고 결국 마지못해 응했는데 임신이 되었다.

> 그는 일주일에 한 번 저를 보러 왔어요. 그리고 결혼하자고 했죠. 부모님께도 말씀드렸다고 했고, 부모님이나 여동생이 무슨 말을 했는지도 말해 줬어요. 저를 차에 태우고 드라이브를 하면서 자기 친구 집을 보여 주었어요. 그리고 그 친구의 아버

지는 땅이 많은 농부인데 우리가 그 집을 임대해서 살아도 좋다고 했대요. 또 우리는 해외에 갈 거라고도 했어요. 이것도 할 거다, 저것도 할 거다. 제가 야간 대학에 다니며 A레벨 시험 준비도 할 수 있을 거라고 했어요. 정말 수많은 이야기를 저에게 했죠. (…) 그런데 임신 7개월 반에 접어들자 더 이상 저를 보러 오지 않았어요. 어떤 이유도 변명도 없었죠. 그냥 오지 않았어요. 여러 번 전화를 걸었는데 자기 아버지인 척 아들은 집에 없다면서 저를 속였어요. 그것 때문에 많이 울었어요.

잉글리스의 연구에 등장한 미혼모 가운데 5~6명은 아기 아버지가 겁쟁이처럼 행동한 것에 대해 분노하고 혼란스러워했다. 프루가 임신을 알렸을 때 "그 남자"는 매우 적대적으로 나왔다. 프루가 자신을 사랑하지 않는다는 것을 알고 그는 정말 자기 아기냐고 굴었다.

남자들은 정말로 알 수 없어요. (…) 적어도 자기 아기인 건 믿을 줄 알았거든요. 그런데 아니었죠. 저는 절망했어요. 울면서 죄책감도 느꼈어요. 그리고 저를 탓하게 되더라고요. 성관계를 떠나 적어도 그를 사랑해야 관계를 지속할 수 있다고 생각했어요. 하지만 사랑하지 않았어요. 그리고 상황은 더 나빠졌죠. (Inglis, 1984: 25)

조이가 임신했을 때 데렉은 스무 살, 조이는 열일곱 살이었다. 초기에는 그와 사랑에 빠졌지만 얼마 지나지 않아 그는 너무나 "이기적"이고 기본적으로 아무 생각이 없는 사람이라는 것을 알게 되었다. 임신 사실을 알렸을 때 데렉은 이제 "걱정하지 않고" 섹스할 수 있게 되었다고 좋아했다. 다른 생각은 없었다. 그런 반응에 조이는 화가 나기보다 무서웠다.

> 제가 마음을 접었어요. 그러니까, 더 이상 기대할 것이 없다고 생각했어요. (…) 그 사람이 뭘 하려는지 다 보였고, 그런 식으로 빠져나가려고 한다는 걸 알았어요. 비난하지도 않았어요. 이제 아무 상관 없는 사람이라고 생각했어요. (…) 그렇게 끝났어요. (…) 미워하지는 않아요. 그냥 쓸모없는 놈이라고 생각할 뿐이에요. 아기 아빠에 대해 별로 생각하지 않아요. 남자로서 특별할 것도 없고요. (같은 책: 36)

어떤 미혼모는 아기 아버지에게 임신 사실을 알리자 더 이야기하고 싶어 하지 않았다. 그는 겨우 열다섯 살이었다. "그 사람도 어떻게 해야 할지 몰랐을 거예요. 아마 나만큼 무서웠을 거예요"(Rockel and Ryburn, 1988: 36). 또 다른 미혼모는 아기 아빠를 용서하지 못했다. 임신한 후에 한두 번 찾아왔지만 씁쓸할 뿐이었다. "그는 아버지가 될 자격도 없었어요, 이미 결혼한 사람이었으니까요"(같은 책).

아기가 태어나고 입양을 보낸 후 친생부는 거의 이야기에 등장하지 않는다. 그저 희미한 존재로 어렴풋이 남아 있을 뿐이다. 고통도 불행도 모두 미혼모의 몫이었다. 남자의 삶은 하나도 다치지 않고 그대로였지만, 여성의 삶은 상처와 흠이 남았으며 예전과 달라졌다.

5. 태어나지 않은 아기

태어나지 않은 아기 역시 미혼모의 임신 경험에 관련된 주요 인물 중 한 명이다. 임신 사실을 인지했을 때 느끼는 공포와 두려움에도 불구하고 대부분의 미혼모는 아기와 어떤 식으로든 관계 맺기를 시작한다. 종종 아기는 미혼 임산부의 유일한 위안이자 자신이 가치 있는 사람이라고 느끼게 해주는 존재였다. 연약하고 세상 사람들이 원하지도 않고 누구의 사랑도 받지 못하는 아기였지만 늘 엄마 안에 그대로 있어 주었다. 엄마는 적대적인 세상과 아기 사이에서 방패역할을 하며 보호 본능을 느끼기도 했다. 사람들은 모두 미혼모를 판단하고 깎아내리고 징벌하는 태도를 취했지만 태어나지 않은 아기는 엄마를 필요로 했다. 그리고 가치와 의미를 선물해 주었다. 친절을 거의 경험할 수 없는 9개월 동안 아기는 몇 안 되는 긍정적인 경험 중 하나였다. 리너슨은 1982년 연구에서 인터뷰한 20명 중 19명이 아기에게 이야기를 해 주었다고 고백했다(Rynearson, 1982). 이들은 누군가로부터 구출되어 입양을 안 보내도 되는 상황을 머릿속에 그리며 아기에게 깊고 개인적인 이야기를 들려주었다고 했다.

몰리는 이렇게 말했다.

> 아기를 보호해 주고 싶다는 생각이 들기 시작했어요. 아기가 환영받지 못하는 것이 부당하게 느껴졌어요. (…) 아기가 세상에 태어났는데 사람들은 아무 말도 안 했어요. 무서울 정도로요. 들리는 말이라고는 '안타깝다', '정말 유감이야'라는 말뿐이였죠. (…) 믿을 수 없었어요. 너무 슬프고 신경이 날카로워지고 결국 화가 났죠. (Inglis, 1984: 55)

열여섯 살에 임신했었다는 한 여성은 자신은 그때 어렸고 미성숙했으며 겁에 질려 있었다고 했다.

> 남자 친구는 그때 열일곱 살이었어요. 결혼에 대한 환상을 가지고 있었지만 사실 그는 자기 차에 더 관심이 많았어요. 결국 부모님이 임신 사실을 알게 되었고 저는 미혼모 시설로 보내졌죠. 8개월 동안 혼자 생각에 빠져 지냈어요. 유일한 동반자는 제 뱃속에 있는 아기였어요. 우리는 함께 울었어요. 그때 백 살은 더 먹은 것 같아요. 부모님은 아기를 키우면 제 인생을 망칠 거라고 했어요. 사회복지사도 그렇게 생각했고요. 아무도 아기를 포기하는 것이 나에게 어떤 의미인지 진지하게 고민하지 않았어요. (Sorosky et al., 1978: 55-56)

이런 환경에서 아기는 늘 그곳에 있으면서 이야기를 들어주는 미혼 임산부의 유일하고 진정한 믿을 만한 친구가 되었다. 펫이 말한 것처럼 말이다.

> 나한테는 아무도 없었죠. 제 딸만이 제 말을 귀 기울여 들어주었어요. (Arms, 1990: 159)

4장
결정할 수 없는 결정

산달이 다가오면 미혼모는 아기를 포기하라는 주변 사람들의 태도와 시선에 익숙해지고, 자신은 '미혼모'이며 그것이 무엇을 의미하는지를 알게 된다. 임신 막달에 이르면 주어진 선택이 많지 않다는 사실도 알게 된다. 출산 후에도 그리고 그 이후에도 주변 사람들의 반응은 한결같다. 미혼모라는 사실이 현실로 다가오는 이 시기에 미혼모는 아기를 키울지 말지 결정해야 한다. 만약 사람들이 그녀가 아기를 키울 수 없다고 생각하면 이러한 생각은 미혼모의 결정에 영향을 미친다. 주변 사람들의 말대로 행동하며 미혼모는 자신의 삶에 대한 통제력을 잃고 있다고 느낀다. 점점 더 무력감에 빠지게 되고 사회적, 정서적, 현실적으로 다가오는 압박감에 미혼모는 입양을 선택하는 쪽으로 기울게 된다. 결국 입양은 피할 수 없는 선택인 것이다.

도무지 무슨 일이 일어난 거냐고, 내가 원하는 것은 이게 아니라고 소리치고 싶다. 하지만 사람들은 그것이 적절하지 못한 태도라고 생각한다. 미혼 임산부에게는 엄숙한 침묵만이 요구되기 때문이다. 미혼 임산부의 출산은 축제가 아닌 장례식에 가깝다. 곧 상복을 입어야 할 사람은 마땅히 조용히 있어야 한다는 사회적 기대가 있다. 더구나 미혼모는 문제를 초래한 당사자이기 때문에 당연히 더 침묵해야 했다.

이러한 분위기 속에 미혼모는 감정이 복잡해진다. 복잡한 감정은 출산 경험에 부정적 영향을 끼친다. 그리고 산모의 모성 반응을 혼란스럽게 한다. 이로써 올바르게 판단할 수 있는 능력은 훼손시키고 더 나아가서는 건강하게 회복되는 속도도 더뎌진다. 여러 번 강조하지만 미혼모와 아기의 미래를 결정하는 데 중요한 역할을 하는 사람은 미혼모의 부모다. 시간이 지나며 뱃속에서 발을 차며 노는 연약한 아기에게 자꾸 마음이 뺏기며 미혼 임산부의 감정은 점점 더 복잡해진다. 미혼모는 이때 가장 힘든 시기를 보내게 된다. 수만 가지 생각으로 감정이 혼란스럽다. 어떤 결정을 내려도 비난을 피할 수 없다.

우리는 여기서 미혼모 경험의 대부분은 주변 사람들의 태도와 반응의 산물임을 다시금 기억해야 한다. 즉 미혼 여성의 임신과 출산은 나쁘고, 결국 도움받지 못하게 될 것이라는 사람들의 생각과 태도는 미혼모의 임신과 출산 경험에 영향을 준다. 사람들이 하라는 대로 아기를 포기하고 입양을 보냈는데도 사람들의 반응은 너그럽지 않다. 제 자식을 입양 보내다니 어딘가 문제가 있는 여자라는 취급을 받거나, 입양 후 몰려오는 상실감은 스스로 초래한 일이니 동정을 기대하지 말라거나, 입양 사실에 대해서 아무에게도 말해서는 안 된다고 하는 주변 사람들의 반응은 아기를 상실한 미혼모에게 가혹하고 불공평하게 느껴진다.

수잰 암스(Arms, 1983)의 연구는 '사랑하는 아기를 포기하는 것'이 어떤 것인지 잘 보여 준다. 이제 출산, 입양 결정, 입양 직후 직면하게 되는 상실감의 세 단계를 통과하는 미혼모의 이야기를 따라가 보자.

1. 출산

미혼모는 주변 사람들의 반응뿐만 아니라 자신의 양가적 감정과 싸우며 혼란스러움을 경험하게 된다. 내부적으로는 입양과 양육 사이 어떤 결정을 내려야 할지 몰라서이며, 외부적으로는 주변 사람들이 침울한 표정으로 자신을 대하기 때문이다. 본능적으로 출산은 기쁜 일이고 사회 관습적으로 축하할 일이다. 하지만 입양을 고심하는 미혼모에게 이런 감정의 표출은 금기시되고 억압된다. 사람들은 미혼모에게 의심의 눈길을 보내고 이러한 눈길 속에 기혼모는 자신이 후회할 짓을 저질렀다는 사실을 확인한다. 따라서 미혼모가 엄마로서 아기를 마음껏 안아 주어도 되는지, 곧 헤어질 아기이니까 참아야 하는지, 이런 고통을 가져다준 아기를 미워해야 하는지, 적대적인 세상으로부터 아기를 사랑으로 지켜 줘야 하는지 혼란스러워하는 것은 전혀 이상한 일이 아니다.

 미혼모 대부분은 출산을 특별히 행복한 순간으로 기억하지 않았다. 출산 방식과 경험은 달랐지만 대부분에게 출산은 가혹하고 외로운 순간으로 경험된다. 미혼모는 이것을 과거에 저지른 일(미혼 임신)과 앞으로 저지를 일(아기 포기와 입양 결정)에 대한 응당한 벌을 받는 것으로 받아들였다. 하지만 상황에 따라 출산을 행복하게 기억한 몇몇 사례도 있었다. 예를 들면, 헬렌은 태풍이 몰아치던 날 작은 산부인과 병원에서 딸을 낳았는데 다음과 같이 말했다.

> 의사 선생님도 아주 좋았고 친절하게 대해 주었어요. 방도 깨끗하고 쾌적한 일인실이었고요. 병원 사람들 모두 좋은 사람

들이었고 제가 미혼모란 것도 다 알고 있었지만 무례하게 대하거나 비난하지 않았어요. 그냥 아주, 아주 친절했어요. (Inglis, 1984: 46)

그런데 이 병원도 입양을 결정한 산모에게 태어난 아기를 보여 주어서는 안 된다는 당시의 방침을 따르고 있었다. 아기가 태어나면 엄마와 떼어 놓기 때문에 산모는 아기를 보지도 젖을 줄 수도 없었다. 헬렌은 딸이 보고 싶다고 말했는데 병원 측 사람들은 "옳지 않은 일"이라며 거절했다. 하지만 이를 가엽게 여긴 한 간호사가 "괜찮을 거야. 넌 잘할 테니까."라고 말하며 허락해 주었다. 덕분에 헬렌은 입양 보내기 전 신생아실에서 아기를 볼 수 있었다.

한편 조앤의 경우는 출산할 때 엄마가 함께 있어 주었다. 조앤은 "엄마가 있어 좋았어요. 비록 아기는 입양 보냈지만 누군가 옆에서 출산의 순간을 함께 기뻐해 주어 좋았던 것 같아요"라고 말했다. 출산은 순조로웠고 조산사도 좋은 사람이었다.

제가 얼마나 기분이 엉망인지 공감해 주는 것 같았어요. 좋은 분이었죠. 많은 말은 하지 않았지만 제가 느끼는 슬픔과 행복을 안다는 듯 미소 지으며 기쁨의 눈물과 슬픔의 눈물을 함께 흘렸어요. 아들 사이먼을 입양 보내기 전까지 제가 직접 돌봐 줬는데 돌이켜 보면 정말 잘했다는 생각이 들어요.

하지만 마치 죄를 짓고 벌을 받는 것 같았다고 출산 당시를 기억하는 미혼모들이 더 많았다. 의료진은 미혼 산모를 거칠게 다루고 비난하는 태도로 대했으며 그것은 몸과 마음에 상처를 주었다. '매몰찬' 사람으로 기억되는 한 간호사는 몰리에게 "넌 지금 벌받는 거야"(같은 책: 57)라고 말했다. 한편 쇼여는 다음과 같이 과거를 기억했다.

> 의사가 도착했다. 우리 같은 여자애들한테는 마음 쓸 시간조차 없다는 듯 거칠고 무심했다. 마치 실험용 쥐가 된 느낌이었다. 아기 머리가 빠져나오며 질 주변에 상처가 났고 그로 인한 통증을 없애기 위해 의사는 여기저기 마구 주사를 찔렀다. 사실 그전까지만 해도 크게 불편한 것은 없었고 견딜 만했다. 하지만 그 주사는 도저히 견딜 수 없었다. 그때의 아픔은 절대 잊지 못할 것이다. (Shawyer, 1979: 109)

게다가 적지 않은 미혼모가 아기를 출산한 뒤에는 왜 그 고통을 견뎠나 하는 허탈감을 느꼈다. 끔찍한 고통을 감내하고 아기를 낳았지만 사람들은 '수고했다'는 말이나 '축하한다'는 말조차 해 주지 않았기 때문이다. 출산은 외로운 과정이었다. 삶에서 그토록 소중한 순간 함께해 주는 사람이 아무도 없었다. 오롯이 혼자였다. 한 미혼모는 "너무 조용했어요. 쉬쉬하는 분위기였죠. 아무도 감히 말을 하지 못했어요"라고 말했다.

> 아기는 낳았는데 마치 죽은 아기를 낳은 거 같았어요. 왜냐하면 내 아기라 할 수 없잖아요. 곧 다른 사람에게 보내질 테니까요. 모두 불편해하며 무슨 말을 해야 할지 몰라하는 것 같더라고요. (Rockel and Ryburn, 1988: 27)

산고 끝에 아기를 낳았는데 "안아 줄 아기가 없는 거예요.

너무 공허했어요"라는 말을 하기도 했다. 이러한 '공허함'은 출산 후 아기를 보지 못하는 미혼 산모를 더 힘들게 했다.

여섯 시간 진통했어요. 속이 찢어지는 것 같았죠. 몸과 마음 그리고 영혼이 더 이상 하나가 아니었어요. 딸이 태어나자마자 사람들이 아기를 채가다시피 데려갔어요. 몸과 마음이 모두 부서지는 것 같았어요. 내게는 아기를 볼 권리도 없다는 걸 알았죠. (Sorosky et al., 1978: 56)

실라는 열여섯 살에 딸을 낳았다.

그때 경험은 정말 끔찍했어요. 절 계속 아줌마라고 부르길래 전 아직 십 대라고 했죠. 아기는 태어난 후 그 사람들이 데려갔어요. 아기가 어디 있는지 물으니까 '입양 보낼 거니까 우리가 데려갔다'고 했어요. 믿을 수 없었죠. 제게는 말도 하지 않고 그냥 데려가다니요. 아기 엄마인 저는 하나도 중요하지 않았던 거예요.

패멀라 역시 딸을 보지 못해 낙담했다.

칼라는 새벽 4시 10분쯤 태어났어요. 저에게 매우 친절했던 간호사가 옆에 있어 주었어요. 사람들이 와서 칼라를 바로 데려갔고 저는 병실로 옮겨졌어요. 7시 10분쯤 되니까 아기들이 신생아실로 옮겨졌어요. 칼라는 어디 있는지 물었죠. 그런데 모두 저를 투명 인간 취급하는 거예요. 결국 저 혼자 온 병원을 뒤져 아기를 찾아냈어요. 아기는 방 안에 혼자 덩그러니

놓여 있었어요. 그러자 간호사가 뛰어와 "만지지 마, 걔는 입양 보낼 아기야"라고 말했어요. 전 재빨리 아기를 안고 제 침대로 데려왔어요. 아기에게서 한순간도 눈길을 떼지 않았어요. (…) 아기를 빼앗길까 봐 무서워 죽을 것 같았어요. (ITV, 1990)

많은 미혼 산모는 아기를 포기하고 입양을 보내며 트라우마를 경험한다. 그리고 거기서 벗어나기 위해 임신과 출산이 "자신에게 벌어진 일이 아닌 것처럼" 생각하려 노력했다 (Raynor, 1971: 51). 그 결과 어떤 미혼모는 아기를 보고 싶은지 아닌지 잘 모르겠다고 말하기도 했다. 태어난 아기를 생각하지 않으려고 노력하거나 자신은 "진짜 엄마가 아니"라고 생각하며 출산과 헤어짐에 대처하는 미혼의 산모들은 스스로 아기를 사랑할 자격도 애정을 느낄 권리도 없다고 생각했다.

패티는 간호사가 아기를 안아 보라고 데려왔던 순간을 이렇게 기억했다.

너무 당황스러웠어요. 아기에게 할 말이 없었어요. 그냥 데려가 버렸으면 좋겠다고 생각했어요. 정말 아기에게 할 말이 없었죠. 아니, 무슨 말을 하고 싶은지 알고는 있었지만, 그 말을 할 수 없었죠. 내 아기가 아니니까요. (Shawyer, 1979: 136)

메리의 경우는 처음에는 아기와 "어떤 것도 하고 싶지 않았다"고 했다. "정말 아무것도 하기 싫었어요." 하지만 점점 아기를 안아 보고 싶고, 젖도 물리고 싶고, 돌봐 주고 싶어 하는 자신을 발견하게 된다.

2. 입양 결정

미혼모는 당시 놓였던 환경과 주변 사람들로 인해 아기 입양을 결정했다. 사람들로부터 언제나 명시적 압박을 받은 것은 아니지만, 경제적 지원과 주변의 도움 없이 아기를 키우기는 힘들 것이라는 알았고 포기하는 것 외에 달리 방법이 없다고 생각했다. 이들은 과거를 회상하며 "입양이 최선이야"라는 부모로부터의 압박과 "아기를 위한 일이야", "너의 미래도 생각해야지"라는 주변 사람들의 말에 설득되어 아기를 포기했다. 그리고 이렇게 말했다. "달리 할 수 있는 선택이 없었어요."

부모의 압박, "입양이 최선이야"

부모, 특히 미혼모의 어머니는 딸을 위해 적극적으로 입양을 알아보고 아기를 입양 보내지 않으면 자식으로 받아들이지 않겠다고 협박했다. 메리의 어머니는 메리 몰래 아기를 미국에 있는 친척 집으로 입양 보냈다.

> 엄마는 친척에게 영국으로 오라고 편지를 보냈어요. 내가 아기를 포기하기로 했으니 와서 아기를 데려가라고요. 전 아무것도 몰랐어요, 아무것도! 이 모든 일이 저 몰래 벌어졌어요!

프루의 부모님은 시종일관 애매모호한 말을 했고, 주변 사람들은 합심해서 무슨 작전을 펼치는 것 같았다. 아기가 태어났을 때 병원의 사회복지사는 당신이 정말 엄마로서 적합한지 생각해 보라고 요구했다. 당황한 프루가 집에 전화해서 "어떻게 해야 해?"라고 물었다. "엄마는 가능한 한 빨리 집에 오라고 했어요. 아빠도 보고 싶으니 빨리 오라고 했죠. 하지만 아기를 데리고 와도 좋다는 뜻인지, 제 아기도 보고 싶다는 뜻인지 도무지 모르겠더라고요. 이런 일이 벌어지고 있다는 것을 이웃에게는 알릴 수는 없었어요."(Inglis, 1984: 28).

크리스는 빨래 바구니에 아기를 서둘러 넣고 담요로 덮었다. "토요일이었고 이모가 느닷없이 나타났어요! 그러니 난리가 났죠. 집에는 아기 용품들, 젖병, 소독 용품 등이 있었으니까요. 엄마는 부엌을 뒤지며 아기 흔적을 모두 없앴어요. 의자 위도 깨끗이 치우고, 그리고 아기와 저를 침실에 집어넣었어요."(같은 글: I22). 앨리스는 흥분하며 이렇게 이야기했다.

> 먼저 하고 싶은 말은 가족들을 기쁘게 하려고 아기를 포기했다는 거예요. 포기해야 한다고 부모님이 강요했으니까요. 부모님이 그렇게 요구하니까 미혼모는 아기를 포기하는 거예요. 그런데 부모님이 하라는 대로 했는데도 부모님과의 관계는 예전으로 돌아가지 않았어요. 결국 쓸데없는 짓을 한 거죠. 아기도 잃고 가족도 잃었으니까. 차라리 키우는 편이 나았을 거 같아요.

리타는 주변 사람들의 기대와 요구에 끌려가는 느낌이었다. 대다수의 미혼모는 혼전 출산이라는 사실이 밝혀진 이상 수치심에 어떤 요구도 하지 못했고, 그저 하라는 대로 할 수밖에 없었던 무력했던 과거를 회상하며 놀라워한다. 그들의 삶에서 가장 중요한 결정을 다른 사람들이 내리고 있었다. 그때의 느낌을 리타는 이렇게 말했다.

아버지는 아기를 데리고 집에 온다면 본인이 집을 나가겠다
고 했어요. (…) 전 소외된 것 같았어요. 정해진 각본은 하나뿐
이고 다른 각본은 없는 것 같았죠. 아기를 데리고 간 사람들에
게 화만 났어요. 그들이 제가 만든 규칙을 어기고 제가 쓴 각
본을 따르지 않았기 때문이죠. 사람들은 '아기를 키우며 혼자
살 수 없다'고 했어요. 아기가 입양되어야 하는 이유와 아기를
행복한 가정에 보내야 한다는 이야기만 들었어요. 좋은 부모
가 있는 가정에 보내야 한다고요. 이런 말을 들으며 저는 저에
게도 선택권이 있다는 것을 부정했던 거 같아요.

"아기를 위한 일이야"

주변 사람들 대부분 "아기를 위한 일"이라며 입양이 최선이라
고 조언했다. 이 말은 미혼모가 아기를 키우는데 적합한 사람이
아니라는 뜻이었다. 사람들이 내린 판단은 미혼모를 참담하게
만들 뿐 아니라 자신감과 자존감까지 무너뜨렸다. 입양 여부를
고민할 때 사회복지사들은 미혼모에게 많은 관심을 보이다가
일단 입양이 결정되면 더 이상 관심을 보이지 않는다. 업무가
끝났기 때문이다. 이제 관심은 미혼모가 포기한 아기에게 옮겨
간다. 샌드라는 이렇게 지난날을 회상했다.

사회복지사가 입양을 원하는 불임 부부에 대한 정보를 알려
주었고, 입양 보낼 아기가 얼마나 부족한지 말했어요. 알잖아
요. 공급이 부족하다는 거죠. 마치 제 아기를 채 가려는 것 같
았어요. 당시에는 그렇게 느꼈던 것 같아요. (…) 마음속으로
는 결국 아이를 포기할 걸 알았어요. (…) 아기를 위한 최선이
라고 사람들이 말하는 선택을 할 수밖에 없었죠. 딸의 미래를

생각해야 했으니까요.

'전문가'가 미혼모에게 이야기하는 방식은 이랬다. 아기를 진정으로 사랑한다면 입양 보내고, 아기를 키우고 싶어 하면 아기의 미래를 생각하지 않는 것이니 엄마로서 자격이 없다는 것이다. 한 미혼모는 이렇게 말했다.

> 저는 태어날 아이에게 해 줄 것이 아무것도 없고, 사랑한다면 부모가 있는 가정으로 아기를 보내야 하니 아이를 포기하라는 말을 들었어요. 제게 가해지는 압박을 느끼며 너무 괴롭고 화가 났어요. (Sorosky et al., 1978: 61)

대부분은 자신이 나쁘고 부도덕하며 도움이 안 되는 존재라서 아기를 키우고 싶어 해서도 안 되고, 입양 보낼 것인지 아닌지조차 결정할 권리가 없는 사람처럼 취급했다고 했다. 다음 편지는 이들의 말이 사실임을 보여 준다.

> 수녀님은 계속해서 "네 생각만 하지 말고 아기를 생각해야지. 아기는 엄마와 아빠가 있는 가정에서 자라야 하고, 아기를 입양하려는 부부에게 아기가 줄 기쁨을 생각해 봐. 그들은 아이를 가질 수 없는데 넌 앞으로 얼마든 아기를 가질 수 있지 않니?"라고 말했다. 그리고 엄마는 이렇게 말했다. "네가 자초한 일이니 대가를 치르는 거야. 아기와 함께 집에 올 생각은 마라. 이웃들이 뭐라고 하겠니? 애를 데려오면 널 도와주지는 않을 거다. 애가 있어 봤자 골칫거리일 뿐이야. 아기를 낳았다는 사실을 알게 되면 어떤 남자도 너와 결혼하고 싶어 하지 않

을 거야." 나는 갈 곳이 없었고 내 편은 하나도 없는 것 같았다. 그리고 실제로 정말 그랬다. (Shawyer, 1979: 110)

입양을 긍정적으로 생각하는 미혼모도 있었다. 그렇다고 해서 입양을 쉽게 결정했다는 뜻은 아니다. 이들은 고심 끝에 입양이 모든 사람에게 최선이라고 생각했다. 아기를 위해 할 수 있는 일과 할 수 없는 일을 현실적으로 따져 보았고, 유능한 부부에게 아기를 주는 것이 아기를 사랑하는 행위라는 사람들의 말을 받아들였다.

아기에게 새 옷을 입히고, 사진을 찍고, 마지막으로 아기를 안아 주었어요. 힘들었지만 아기와 저를 위해 할 수 있는 것은 다 한 것 같았어요. 그게 석 달 반 전이었죠. (Sorosky et al., 1978: 62)

아기를 키우려고 했지만 어려움에 봉착한 경우도 있었다. 열여섯 살에 출산한 미혼모는 부모에게 버림받고 주말에 일하며 아기를 돌봤으나 결국 힘에 부치고 말았다.

아기에게 몹쓸 짓을 하는 것 같았어요. 아기를 키우려는 것이 너무 이기적인 일이라고 생각되더라고요. (Shawyer, 1979: 102)

입양을 결정하고 슬픔에 빠지면서도 안도감을 느끼는 경우 또한 있었다.

솔직히 후회하지 않는다고 말할 수 있어요. 그렇다고 아기를 쉽게 포기했다거나 아기를 사랑하지 않았다는 뜻은 아니에요. 사랑했지만 직접 키웠다면 내가 원하는 방식으로 키울 수 없었을 거예요. 아기를 어떻게 키우는지도 몰랐어요. 8년 전만 해도 난 그저 여학생이었으니까요. 입양을 결정하고 정말 큰 안도감을 느꼈어요. 아기에게 주고 싶은 것을 줄 수 있는 유일한 방법이 입양이라고 생각했죠. (Rockel and Ryburn, 1988: 140)

입양을 결정한 세 번째 이유는 '너 자신을 위한 최선'이라는 주변의 이야기였다. 하지만 그 전에 언급해야 할 특수 상황이 있다. 강간이나 근친상간을 통해 미혼모가 된 경우다. 이들은 종종 아기에 대해 매우 복잡하고 혼란스러운 감정을 갖는다. 고통스러운 과정을 통과하고 아기를 결국 사랑하게 되는 경우도 있다. 하지만 또 다른 경우에 아기는 계속 끔찍한 상황을 상기시키는 존재가 되고 미혼모는 결국 입양을 결정한다. 크리스의 경우는 여동생과 함께 친부로부터 장기간 성적 학대를 당했다. 그러다 임신을 하고 딸을 낳았다. 아버지로 인한 임신은 아니었지만, 아버지 집에 살면서 딸을 낳고 키운다는 것은 도저히 생각할 수 없었다.

저는 생존을 위해 어느 정도 가족에 의지하며 살아야 했어요. 아버지 집을 떠날 수 없었죠. 그러나 제가 딸을 낳았든 아들을 낳았든 상관없이 아버지와 살면서 그 아기를 키울 수는 없었어요. 그냥 그건 안 되는 일이었어요. (Inglis, 1984: 115-116)

"네 미래도 생각해야지"

몇몇 미혼모는 아기를 키우게 되면 감당할 수 없는 삶을 살게 되리라는 사실을 직감했다. 치러야 할 희생이 너무 클 뿐만 아니라 힘든 삶을 살게 된 탓을 아기에게 돌리며 결국은 아기에게 나쁜 영향을 줄 것이라고 생각했다. 루이즈는 열아홉 살에 딸을 낳았다. 아기를 키우고 싶었지만 가난하고 힘겨운 삶을 살게 될 것이라는 생각에 견딜 수 없었다. 입양은 어려운 결정이었다. 마치 "너무 고통스러워 지옥에 있는 것 같았다". 하지만 아기를 입양 보내지 않고 키웠다면 그녀의 삶은 "완전히 멈춰 버렸을 것"(Inglis, 1984: 145)이다.

도라의 삶은 점점 더 엉망이 되어 갔다. 태어날 아들은 마지막으로 잡고 싶은 지푸라기와 같은 존재였다. 아들을 입양 보내면 헤어짐의 고통에 자신은 흔적도 없이 가라앉을 것이라는 사실을 알았다. 하지만 아들을 키우면 아들과 함께 고통 속으로 가라앉을 것이라는 사실도 알았다. 돌이켜 보면 아들 제러미의 탄생은 도라의 삶을 완전히 바꾸어 놓았다. 도라의 삶이 보여 주는 아이러니는 아들에 대한 애정과 고마움이 다시는 아들을 보지 않기로 한 결정의 동기가 되었다는 것이다.

"다른 선택은 없었어요"

부모의 지원도, 수입도, 아기와 살 집도, 의지할 사람도, 국가의 지원도 없는 상황에서 미혼모들은 입양 외에 다른 선택은 없다고 생각했다. 그러니 입양 결정은 원해서가 아니라 지지와 지원 부재로 인해 어쩔 수 없이 내려진 결정이다. 아무리 생각해도 아기와 살아갈 방법이 없었다. 아기와 미혼모를 원하지 않는 세상에서 다른 선택의 여지는 없었다. 다음 장에서 살펴보겠지만,

미혼모 대다수는 아기를 포기하도록 강요한 '세상'을 절대 용서하지 않았다. 또한 인생의 그토록 중요한 순간에 자신을 외면한 부모 역시 용서하지 않았다.

> 저는 교사였어요. 미혼이고, 남자 친구와 결혼할 가능성은 없었죠. 홀로 키울 수도 없고, 가족에게 돌아갈 수도 없었어요. 가족은 저와 아기를 위해 아무것도 하지 않았고, 하고 싶어 하지도 않았죠. 헬렌은 그래서 아기를 키우는 건 모두에게 **끔찍한 일**[1]이 될 것이라는 결론을 내릴 수밖에 없었어요. 결국 "입양 말고는 다른 선택지가 없잖아"라고 말했어요. (Inglis, 1984: 44)

미혼모들은 한결같이 절망감과 자포자기의 심정을 토로했다. 아기를 키우고 싶다는 생각은 강렬하게 올라오지만 눈 앞에 펼쳐진 현실은 끝없는 심연이다. 아기와 함께 혼돈에 **빠지지 않는** 방법은 입양밖에는 없어 보인다. 하지만 입양을 선택하면 당장 둘 다 살 수 있지만, 심적으로는 큰 대가를 치러야 한다. 아기 출산 후 자신이 아기를 얼마나 사랑하는지 알고는 놀랐다는 말은 미혼모들한테서 흔히 듣는 이야기다. 레이너의 연구에 따르면, 입양 보낸 미혼모 중 4분의 3은 아기를 잠시 돌본 경험으로 인해 입양 결정에 더 어려움을 겪는다. 한편 아기를 돌본 경험은 미혼모가 양육을 선택하는 데 영향을 주었다(Raynor, 1971: 32-33).

입양을 결정한 미혼모는 여러 가지 시도를 해 보지만 아기

---

[1] 강조는 저자의 것. 이하 동일.

를 향한 마음은 꺾이지 않았다. 소피아는 이별의 고통을 덜기 위해 딸을 생명이 없는 '사물'처럼 대하려고 필사적으로 노력했다. 하지만 실패했다.

그냥 안아 주고 싶었어요. 신생아실에서 아기 울음소리가 들리면 제 딸인지 아닌지 알 정도였어요. 마음이 너무 아팠어요.

미혼모들이 아기를 보거나 만져 보려고 한밤중에 병실을 몰래 빠져나왔다는 기록도 많다. 현실적으로 불가능한 일이었지만 아기에 대한 사랑은 아이를 키우고 싶다는 마음을 향하고 있었다.

마크가 태어난 후 엄마가 병원으로 찾아왔어요. 간호사가 아기를 데리고 와서 내려놓았죠. 우량아였어요. 정말 컸어요. 저는 믿을 수 없어서 "키우면 안 돼요?"라고 물었죠. 엄마는 눈물을 흘렸어요. 저는 아기가 너무 자랑스러운 나머지 '엄마, 정말 키우고 싶어요. 내 아기잖아요'라고 소리치고 싶었죠. 자기만의 무언가를 원한다는 것, 그건 정말 강렬했어요. 마크는 제 아기였죠. 저에 대한 편견이 전혀 없는 저의 아기였어요. (Shawyer, 1979: 151-152)

그러나 미혼모가 아기를 키우려면 너무 어려서는 안 되었다. 도와줄 사람이 있어야 했고 돈도 있어야 했다. 어느 하나도 없으면 아기 키우는 일은 위험한 일이 된다. 열여섯 살의 폴린은 너무 어려서 혼자서는 감당하기 어렵다고 생각했다. 입양보내고 싶지 않았지만 키울 방법도 없었다. 부모 없이 할머니와 함께 살고 있었고, 돈은 부족한 상황에서 폴린은 조금씩 "딸을 포기해야 하는 상황"으로 내몰리고 있었다.

크리스틴은 폴린보다 조금 더 오래 아기를 키울 수 있었지만 점점 버거워졌다. 원래는 아기를 키우려고 했다. "아기를 포기할 수는 없어요"라고 분명히 말했다. 고등학교를 졸업하고 자격증을 딴 후 지방 정부에서 일자리를 찾았다. 부모가 아기를 돌봐 주려 하지 않았기 때문에 위탁모를 찾아 일하는 동안 아기를 맡겼다. 크리스틴은 가능한 한 자주 아기를 보러 가면서 어떻게든 아기를 키우려고 노력했다. 그런데 위탁모가 문제였다.

정말 이상한 사람이었어요. 우유를 타라고 하는데 어떻게 타는지 알려 주지 않았어요. 아기를 제 무릎에 올려놓으며 "아기 기저귀 갈아 주세요"라고 하는데 어떻게 하는 건지 몰라 저는 쩔쩔맸죠. 위탁모는 육아 전문가였는데 제가 자격도 없고 무능한 엄마라고 느끼게 하려는 것 같았어요. 그리고 계속 "아기를 위한 현명한 선택을 해야지"라고 말했어요. 일종의 협박이었죠.

크리스틴은 크리스마스 휴가 기간 몸이 아파 아기를 볼 수 없었다. 이후 몸을 추스르고 아들을 보기 위해 집을 나섰다. 폭풍이 몰아치는 밤에 아들이 있는 동네로 들어서고 있었다.

정류장에서 ㅂ스를 기다리는데 무언가에 짓눌리는 듯했고 지쳐 있었던 기억이 나요. 모든 게 버거웠어요. 허더즈필드역에 도착했을 때 전선이 끊겨 기차는 오지 않았죠. 저는 그냥 역에 앉아 울기만 했어요. '더 이상 못 버티겠다'라는 생각이 밀려왔죠. 엄마 아빠에게 전화를 걸었더니 두 분은 친구들과 파티 중이었어요. 아빠가 "어디야?"라고 물으셨고 저는 "허더 즈필드역이요"라고 대답했죠. "거기서 뭐 하냐?"고 물으셨어요. 저는 대답 대신 "알았어요, 그냥 입양 보낼게요"라고 했죠. 그냥 포기했어요. '더는 이렇게는 못 살 것 같다'라고 생각했어요. 엄마 아빠가 저를 데리러 오셨어요. 전과 달리 부모님은 친절했어요. 그때 아기에 대해 부모님과 이야기를 나눈 것이 마지막이었어요. 이후 우리는 아기에 관한 어떤 이야기도 입 밖에 꺼낸 적이 없어요.

가중되는 압박에 지칠 대로 지친 미혼모 대부분은 그냥 아기를 포기했다. 더는 싸울 힘이 없었다. 다른 사람에게 아기를 넘기는 것이 차라리 나았다. 자신에게 벌어지는 일을 통제할 힘이 없다고 느꼈다.

제 안에 싸울 힘이 전혀 남아 있지 않았어요. 사람들은 결혼도 안 하고 아기를 낳는 잘못을 저지르더니 이제는 아기를 키우겠다고 또 문제를 일으킨다고 생각하는 것 같았어요. (Inglis, 1984: 93)

"제 삶에 대한 통제력을 완전히 잃었죠." 재키는 말했다. "전 아기를 포기했고 아기는 입양 시스템 안으로 들어갔어요"(같은 책: 106).
이처럼 미혼모는 모두 '의사 결정 과정에서 소외됨'(의사 결정이 다른 사람들에 의해 이루어지고 있었음)과 '통제 불가능함'(자신의 삶이 격렬하고 무서운 소용돌이 속으로 빨려 들어가는 것 같았음)을 느꼈다.

> 강물의 소용돌이에 계속 휩쓸려 가는 것 같았어요. 이러다 죽겠다 싶었죠. 돌봐 주는 사람은 없었어요. 내게 일어나는 일들을 내 힘으로 통제할 수 없었어요. (Rockel and Ryburn, 1988: 27-28)

지치고, 열패감을 느끼고, 사기가 떨어진 미혼모는 수동적인 태도와 침묵을 택했다. 아기를 키울 수 있도록 도와줄 사람이 아무도 없었다. 사람들은 모두 아기를 입양 보내야 한다는 단호한 태도를 보였다.

미혼모는 누군가와 이야기를 나누고, 고민을 털어놓고, 어떤 선택이 있는지 알아보고 싶었지만 아무도 귀 기울여 주지 않았다. 미혼모를 둘러싸고 마치 '**침묵의 음모**'를 벌이는 것 같았다. 자신의 감정을 터놓고 싶었지만 사람들은 듣고 싶어 하지 않았다. 인생에서 가장 어려운 결정을 내려야 하는 상황이었지만 이야기를 들어줄 사람이 없었다. 모이라는 이렇게 말했다.

> 부모님이 찾아왔는데 아기에 관련된 이야기는 아무것도 하지 않으셨어요. 믿을 수 없었어요. 동생에 관한 이야기와 키우던 개 이야기만 했어요. 제가 하고 싶었던 말은 '저 아기가 생겼어요! 엄마 아빠는 이제 할머니 할아버지가 되었어요! 우리 어떡할까요?' 이런 말이었죠.

하지만 아무도 아기에 관한 이야기는 하지 않았다. 미칠 것 같았다. 부모님은 아무 일도 없다는 듯이 행동했고 모이라도 그대로 따를 수밖에 없었다. 아기를 입양 보내고 홀로 집으로 돌아온 후에도 침묵은 계속되었고, 이후에도 아기를 낳은 적도, 입양 보낸 적도 없다는 듯한 태도가 계속되었다.

브리짓이 출산했을 때 부모님은 병원으로 찾아왔다. 그런데 집안 분위기는 이랬다.

> 아기를 낳았는데 아무도 축하해 주지 않았어요. 참담하다는 듯 암울한 표정으로 앉아 있었죠. (…) 퇴원해서 집으로 돌아왔어요. 주말인데 엄마는 외출 중이었고 아빠는 집에 있었어요. 그런데 아빠가 제게 말 한마디를 걸지 않는 거예요.

아기를 입양 보내고 돌아온 미혼모와 그 가족은 그렇게 침울하고 무거운 분위기 속에서 일상을 시작했다.

3. 상실 직후 밀려오는 두 개의 감정

많은 미혼모는 아기를 떠나보낸 후 혼자가 된 며칠 그리고 몇 주 동안을 힘들고 낯선 시간으로 기억한다. '침묵의 음모'는 계속되고, 이 단호한 침묵만이 미혼모의 아기 상실을 말해 준다. 샌드라는 대체로 가족들의 지지와 보살핌을 받았다. 하지만 부모님은 입양 보낸 아기에 대해 완전히 함구했다. 아기에 대해 이야기하고 싶을 때는 샌드라가 먼저 이야기를 꺼냈다.

> 정말 끔찍한 기분이었어요. 아기를 포기하는 미혼모에게 후속 조치나 사후 지원이 있어야 하는데 아무것도 없었어요. 혼자 남겨지고, 아기는 없고, 그런데 이것에 관해서 아무에게도

말해서는 안 되죠. 가까운 친구와 가족은 알고 있으니까 가끔 이야기하기도 하지만 아무도 먼저 이야기를 꺼내지 않았어요. 아무도 말하지 않는 것 그것이 일상이죠.

침묵을 지키는 것은 미혼모의 부모만이 아니다. 친구나 직장 동료들도 그랬다. 이들은 미혼으로 출산을 하고 아기를 입양 보낸 사실을 받아들이지 못하는 것 같았다. 사실을 알게 되면 당황하거나 아예 침묵했다. 재닛은 출산 6주 후에 직장으로 돌아갔는데 다음과 같은 일을 겪었다.

아기와 찍은 사진을 현상해서 지니고 다녔어요. 그런데 제가 직장을 쉬고 아기를 입양 보내고 왔다는 사실을 안 동료들은 당황스러워하며 그 사진을 보려 하지 않았어요. 사람들은 저를 어떻게 대해야 하는지 어쩔 줄 몰라 했어요. 제가 사람들을 완전히 곤란하게 만든 셈이죠. 부모님이 말한 대로 아기에 관한 이야기는 하지 않고 그냥 지냈어요. (…) 아기와 찍은 사진을 제일 친한 친구에게 보여 줬는데 친구는 부끄럽다며 보고 싶지 않다고 했어요.

말할 사람이 아무도 없으니 아기를 상실한 미혼모들은 감정을 표현할 출구가 없었다. 상실감은 심각했는데 말이다. 아기를 입양 보낸 직후 미혼모에게 가장 강렬하게 밀려오는 감정은 **고통과 분노**였다.

<u>고통</u>
입양을 보내면 괜찮을 거라고 했지만 미혼모 대부분은 아기를

입양 보낸 후 괜찮지 않았다. 상실에 따른 끊임없는 고통은 절대로 끝나지 않을 것 같았다. 고통이 삶을 지배했다. 어떤 것에 집중할 수도, 어디에 정착할 수도 없었다.

> 나는 끔찍한 상태였고 제대로 일을 할 수가 없었어요. 신기할 정도로 고통이 계속 저를 사로잡았어요. 전혀 집중할 수도 없었고요. 그리고 우울했죠. (…) 아프고 고통스럽다는 것 말고는 아무것도 생각할 수 없었어요. (Inglis, 1984: 96)

몰리는 이렇게 소리쳤다.

> 고통이죠! 그렇게 아플 줄은 몰랐어요. (…) 아기를 입양 보내고 제 몸은 엉망이 되었어요. (…) 밤에는 전혀 잠을 잘 수 없었죠. (…) 몇 주가 지나도 울음은 멈추지 않았어요. 울고 또 울었어요. (…) 그렇게 아픈 적은 없었고 앞으로도 없을 거예요. (같은 책: 58-59)

과거를 회상했을 때 가장 많이 떠올린 기억은 '끝없는 울음'이었다. 아기 상실을 경험한 미혼모는 조금만 속상해도 눈물을 흘렸다. 누구도 위로해 주지 않았고, 걱정은커녕 당황해했으며 심지어 짜증을 내는 사람도 있었다.

> 제가 아기를 보내고 마음껏 아프도록 내버려 두었다면 달랐을 거예요. 아기를 입양 보냈으니 고통스러운 것은 당연하다고 말해 주었다면요. 행복하지 않다고 말해도 되고, 울어도, 화를 내도 괜찮다고 말해 주었다면 좀 나았을 거예요. (Rockel

and Ryburn, 1988: 132-133).

베릴은 몇 달이 지나서야 안정을 찾았다.

아기를 입양 담당자에게 넘기고 난 뒤 정확히 제가 어디 있었는지 기억은 나지 않지만, 나와서 버스 정류장에서 펑펑 울고 집으로 돌아간 것 같아요. (…) 결국 집을 나와 아는 사람의 아파트에 얹혀살게 되었는데 소중하게 키우던 고양이를 어느 날 떠나보냈어요. 아기를 잃었을 때와 똑같은 심정이었죠. 많이, 아주 많이 울었어요. 그리고 나니 제 안에 있던 상실감이 서서히 저를 떠나는 것 같았어요. 고양이를 아기라고 생각했던 것 같아요. 아주 작고 따뜻하고 포근한 새끼 고양이였죠.

적지 않은 미혼모가 혹시 자기 아기가 아닌가 하는 마음에 다른 사람들이 끌고 가는 유모차 안의 아기를 들여다보거나 아기를 안은 여성을 따라가기도 했다. 린다는 "내 딸이 아닌가 하는 생각에 길거리에서 아기들을 봤어요"라고 말했다. 사실 이들에게는 어디를 봐도 세상은 온통 아기들뿐이었다.

광고에서 웃는 아기들의 모습이 언제 나올지 모르니까 TV를 볼 수 없었어요. 아기들이 나오지 않는 잡지는 없잖아요? 그러니 잡지도 펼칠 수 없었죠. (…) 그러다 아기를 따라다니기 시작했어요. 제 얼굴은 매일 더 늙고 못생겨지고 있었고요. 어느 날은 시내 쇼핑 센터 근처에서 본 아기를 뒤따라가며 저 아기가 내 아기라고 생각했어요. 그리고 다른 아기를 보면 또 그 아기를 따라갔어요. 거의 신경쇠약에 걸릴 거 같았어요. (Inglis, 1984: 99)

분노

절망감과 무력감은 일부 미혼모를 분노에 휩싸이게 했다. 너무 나약한 자신을 향한 분노, 입양을 막아 주지 않은 부모와 친척들에 대한 분노, 입양으로 이득을 보는 것처럼 보이는 사람들에 대한 분노를 표출했다. 애너벨은 "젠장, 이건 정말 불공평해! 넌 정말 멍청한 년이었어. 아기를 키우고 싶으면 제대로 했어야지"라고 소리 질렀다. 어떤 미혼모는 이렇게 말했다.

> 아기를 데려간 입양모를 증오했어요. 다른 사람도 그랬는지는 모르겠어요. 정말 좋은 분이셨는데 '저 나쁜 년이 내 아기를 가져갔어!'라고 생각하곤 했어요. 아마 저의 분노를 그 사람에게 표출했던 거 같아요. (Rockel and Ryburn, 1988: 30-31)

줄리는 아기를 입양 보낸 다음 지난 일을 잊고 그냥 평소처럼 살아야 한다는 사실을 이해할 수 없었다. 그녀는 혼란스러웠고 울음을 멈출 수 없었다. 이로 인해 한동안 문제를 일으켜서 부모님을 힘들게 했다.

> 얼마 지나지 않아 더는 울지 않았어요. 대신 비명을 지르기 시작했어요. 모르는 사람에게 아기를 입양 보내기로 했다는 사실을 알고 너무 화가 나고, 또 화가 났어요. 엄마를 보고 "다 엄마 때문이야!"라고 소리 질렀죠. 엄마는 "잘못은 네가 하고, 가족에게 부끄러운 짓을 하고 남 탓을 하다니 너답다"라고 했어

요. 그 말을 듣고 전 엄마가 '정말 나를 이해하지 못하고 내게 무슨 일이 벌어지고 있는지도 모르는구나' 생각했어요.

이들의 경우는 아기를 입양으로 잃고 비교적 바로 분노를 표출했지만, 일반적으로 감정을 억누르고 눈물만 흘리는 모습을 보였다. 대개 분노가 올라오는 것은 아기 상실 후 몇 년이 지나서였다.

5장

상실과 함께 살다

지금까지 미혼 임신이 주는 스트레스, 입양이 주는 고통, 헤어짐이 주는 트라우마 등 미혼모가 겪어야 하는 험난한 여정을 살펴보았다. 고통은 입양 전후 몇 달 압축적으로 경험하게 되지만 그 이후에도 아기를 잃은 슬픔은 계속된다. 입양의 영향은 어쨌든 어떤 식으로든 평생 계속되는 것이다. 하지만 주변으로부터 심리적 지지를 받거나 터놓고 이야기할 기회가 주어진다면 장기적으로 상실감을 극복할 가능성은 크다. 그러나 애초에 돌봄과 지원, 주변의 관심이 충분하지 않았기에 입양을 선택했는데 주변의 지지와 관심이 가장 필요하다는 사실은 역설적이다.

상실에 적응하는 단계는 잘 알려진 바와 같다. 충격/불신, 분노/원망, 죄책감/우울/퇴행, 그리고 마지막으로 수용/해결의 단계를 지난다. 그러나 2장에서 살펴본 것과 같이 입양으로 아기를 잃은 미혼모와 다른 어려움에 놓였던 사람들은 많은 공통점을 가지고 있지만, 미혼모의 경우는 정상적 애도 과정을 통과하는 데 장애가 되는 특수한 상황이 있다. 그것은 미혼모에게 "아기는 잊고" "자신의 삶을 살라"고 강요하듯 하는 말이다. 입양은 해결되지 않은 슬픔으로 남아 삶을 계속 방해하고 왜곡해 상실을 수용하는 단계에 도달하기 어렵게 한다. 아기를 입양으로 '상실했는데' 아기는 어딘가에 계속 존재한다는 사실도 애도 과정에 심리적 왜곡을 가져와 혼란스럽게 한다. 다른 유형의 상실과 달리 아기를 입양으로 잃은 미혼모의 어려움은 시간이 지날수록 더 심해지는 것처럼 보이는데 실제 고통, 고뇌, 분노는 더 커질 수 있다. 죄책감과 자책감 역시 감소되지 않는다.

이 장의 주제는 상실과 함께 사는 삶이다. 미혼모가 여전히 이야기의 중심이지만, 미혼모가 상실을 경험하는 방식에 중요한 역할을 하는 주변 인물도 다룰 것이다. 미혼모가 무슨 생각을 하고 어떻게 느끼는지는 부모와 상실한 아기와 어떤 관계를 맺는지에 따라 다르다. 또한 아기를 입양 보낸 후 새롭게 만날 남자, 결혼 후 태어나는 아기, 그리고 친구들에 대해서도 언급할 것이다.

원래 각본대로라면 미혼모는 아기를 포기하고 조용히 "사라진" 뒤 새로운 삶을 산다. 그간 아무 일도 없었듯이 결혼도 하고 멀쩡한 모습으로 새로운 관계에서 출산한 아기를 안고 나타나는 것이다. 하지만 이 각본은 잘못되었다. 왜냐하면 아기를 상실한 트라우마를 무시하거나 부정했기 때문이다. 안타깝게도 깊은 상실감은 쉽게 잊을 수 있는 것이 아니다. 해결되지 못한 슬픔은 여러 가지 복잡한 방식으로 새로운 관계를 맺는 데 장애가 되고 어려움과 심적인 불편함을 낳는다.

아기를 상실하고 다시 삶을 시작할 때 맞게 될 인생의 국면을 네 단계로 나누어 생각해 보자.

첫 번째 국면: 미혼모는 출산과 입양 사실을 주변 사람에게 밝힐 것이냐 아니냐의 문제에 봉착한다. 이 일을 털어놓을지 아닐지 생각에 생각을 거듭한다.

두 번째 국면: 여전히 해결되지 않은 채 남아 있는 슬픔을 안고 어쨌든 살아가려고 노력한다. 어떤 사람들은 상실을 지속적이고 장기적인 고통으로 경험한다. 또 어떤 사람들은 상실의 감정이 오랫동안 잠복해 있다가 가끔 떠오르거나 새로운 좌절을

겪을 때 표면화된다.

　세 번째 국면: 감정이 좀 더 복받쳐 오른다. 임신과 출산, 그리고 입양 보낸 상황을 회상하며 자신을 도와주지 않았던 부모를 향한 분노가 올라오는 경우가 많다.

　네 번째 국면: 세 번째와 겹칠 수도 있지만, 이 단계에서 미혼모는 입양 보낸 아기에 대해 궁금해지기 시작한다. 만나 보고 싶다는 마음이 올라오기도 한다. 이렇게 되면 잃어버린 아기를 생각하며 많은 시간과 에너지를 쏟는다.

1. 새로운 관계 맺기와 과거라는 문제

미혼인 여성이 임신 사실을 알게 되고 점점 배가 불러오면 다른 사람의 시선을 의식하고 자신의 모습이 어떻게 보일지 고민하게 된다. 고프먼(Goffman, 1963)에 따르면, 미혼 임산부는 "수치스럽고" 도덕적으로 문제가 있는 사람으로서 자기 앞의 삶을 헤쳐 나가야 한다. 하지만 아기를 입양 보낸 이후 사정은 조금 다르다. 단순히 겉모습만 봐서는 그녀의 과거를 알 수 없기 때문이다. 하지만 언제 과거가 발각될지 모르기 때문에 잠정적으로 "수치스럽다". 따라서 "수치스러움"이 표면적으로 드러나는 미혼 임산부는 사회적 관계에서 항상 긴장해야 하는 어려움을 겪는 반면, 아기를 입양 보낸 미혼모는 과거의 사실이 탄로 날까 노심초사하게 된다. "밝힐 것인가 말 것인가, 말할 것인가 말 것인가, 거짓말을 할 것인가 말 것인가. 한다면 누구에게, 어떻게, 언제, 어디에서 할 것인가"(같은 책: 57)와 같은 문제에 시달린다. 예를 들어 "수치스러움"을 숨겨야 하는 경우는 다른 사람이 있는 곳에서 옷을 벗는 상황이 문제가 될 것이다. 예를 들어 수술실에서 일하는 간호사는 임신으로 인해 튼살이 들킬까 봐 아무도 없는 곳에서만 옷을 갈아입었다.

미혼모는 구설에 오르고 사람들은 편견과 고정 관념으로 판단할 것이기 때문에 이러한 낙인에 어떻게 대처할 것인지도 문제다. 사람들의 평판은 좋지 않을 것을 염두에 두어야 한다. 미혼 임신에 다한 반응과 미혼모를 대하는 태도는 미혼모에 대한 그들의 생각을 보여 주는 것이다. 따라서 새로운 관계를 맺을 때마다 미혼모는 자신의 과거를 드러낼지 숨길지 결정해야 한다. 사람과의 관계를 맺는다는 것은 함께 보내는 시간이 많아지는 것이고, 관계를 지속할수록 과거가 탄로 날 가능성은 커진다. 또한 관계는 서로에 대한 "신뢰와 상호 관계에 헌신하고 있다는 증거로" 서로의 내밀한 이야기를 교환하도록 요구한다 (같은 책: 108). 따라서 미혼모에게 새롭고 친밀한 관계의 시작이란 불안의 시작을 의미한다. 반면에 다른 사람이 자신의 전부를 알아야 진짜 자기를 아는 것으로 생각한다. 비밀을 간직한 채 사는 것은 거짓된 삶이라고 느낀다.

> 과거의 일을 입 밖으로 꺼내지는 못했지만 그것 역시 제 삶이죠. 아무도 모르지만 부정할 수는 없어요. 한동안 새로운 관계를 맺고 사람들과 대화하는 것이 정말 힘들었던 것 같아요. 저는 상대방을 더 잘 알아가는데 그들은 저에 대해 그렇지 못했어요. 저는 제 삶의 일부만 그들에게 보여 주었으니까요. 한동안 사람들과 어울리기 어려웠어요. 저에 대해 알고 있는 사람들과는 괜찮았어요. 그들과 함께 있으면 안전하다고 느꼈거든요. 하지만 새로 만난 사람들은 저를 몰랐죠. 어떻게 보면 저의 절반을 부정하는 것과 같았어요. 그 절반 역시 제 삶이었

는데 말이죠.

일상을 살면서도 무엇을 말할지 말지 검열한다. "자녀가 몇 명인가요?", "첫째는 몇 살인가요?", "첫아기는 어디서 낳았나요?"와 같은 질문에는 항상 두 가지 답변이 준비되어 있다. 그리고 말하고자 하는 충동이 강하게 올라와서 마침내 말했을 때 이것은 두 사람 관계의 지속 여부를 판가름하는 시험대가 된다. 특히 이 시험대에 오르게 되는 사람은 새롭게 만나는 남자 친구다. 여자 친구의 미혼 임신과 출산 그리고 입양 사실을 알게 된 남자는 관계를 끝내버리거나, 관계를 계속하는 한 절대 과거를 다시 말하지 말라고 요구한다. 어떤 미혼모의 말이다.

가톨릭 신자였던 의사와 잠시 사귀었어요. 막연하게 서로 결혼을 생각하게 되었죠. 그런데 그는 도덕적 기준이 아주 높았어요. 제 과거를 말하자 저를 떠났어요.

제 남편은, 이제 전 남편이 되었지만, 아기에 대해 절대 언급하지 말라고 했어요. 그와 사귀고 2주가 지났을 때 예전에 아기를 낳은 적이 있었다고 말했어요. 그는 연락을 두절하고 저와 계속 사귈지 말지 생각하는 시간을 갖더라고요. 그리고 어느 날 다시 나타나서 저와 계속 사귀고 싶다고 말했어요. 그와 다시 만나고 있는데 입양 보낸 딸이 잘못되어 다시 보육원에 맡겨졌어요. 결혼을 앞두고 딸을 보러 갔는데 너무 가슴이 아팠어요. 정말로 딸을 되찾아 오고 싶었어요. 하지만 남편은 제 딸에게는 관심이 없었죠. 자기 부모님께 제 딸에 대해 말하기도 원치 않았고요. 딸을 데려오면 그와 멋진 가정을 꾸릴 수 없을 거고, 그는 다른 아이들과 제 딸을 다르게 취급할 거고, 뭐 그런 일들이 있을 수 있잖아요. 전 결국 남자를 택했죠. 그 이후로 계속 후회하고 있어요.

예전에 사귀던 남자 친구도 전 남편도 이해하지 못했어요. 여전히 그 일을 잊지 못하고 있는 저에게 "말도 안 돼. 진작에 털어 버렸어야지"라고 쉽게 말하죠. 우리의 관계를 단적으로 보여 주는 시금석과 같았어요. 과거를 알고 공감해 주지 못하는 남자와의 관계는 잘 될 수 없죠.

어떤 남자는 여자의 과거를 있는 그대로 받아들여 주었다. 하지만 여자는 문제시하지 않는 것 이상의 진정성 있는 관심을 원했다! 이러한 관문을 통과한 남자가 미혼모였던 여자 친구와 결혼을 하기도 했다. 재닛의 사례이다.

코벤트리에 도착한 지 얼마 지나지 않아 데릭을 만났어요. 사실 그때 그는 제가 친하게 지내던 다른 여자애랑 사귀고 있었어요. 그 애 이름도 재닛이었죠! 그는 내가 갖지 못한 것을 가진 사람 같았어요. 그의 아버지는 제 아버지와 정반대인 사람이었죠. 그 점이 중요했던 거 같아요. 그런데 그가 재닛과 헤어졌어요. 왜냐하면 재닛이 어이없게도 팀이라는 남자의 아기를 임신했거든요! 데릭이 달력을 보고 대충 계산을 해 봤지만 확실히 자기 아기가 아니었어요. 재닛이 임신한 것은 저에게 매우 중요한 일이었어요. 임신하고 아기의 아빠인 팀과 결혼을 약속한 재닛이 정말 부러웠어요. 전 데릭을 만나기 전에 딸 에밀리를 입양 보냈어야 했는데 말이죠. 데릭을 사이에 두고 불편했지만, 아기를 입양 보내지 않은 재닛이 정말 부러웠어요. (…)

재닛과 팀이 결혼하기로 한 지 얼마 지나지 않아 데릭과 저도 결혼하기로 했어요. 딸 에밀리를 입양 보낸 지 15개월 만이었어요. 에밀리의 존재에 대해 데릭에게 이야기했을 때 데릭은 전혀 놀라지 않았어요. 감정적으로 대응하지 않았죠. 그냥 "아이고, 그건 슬픈 일이네. 이젠 미래를 생각하고 함께 살자"라고 했어요. 결국 그와 결혼식을 올렸어요. 그는 기독교인이 아니었지만 자기 엄마를 위해 교회 결혼식을 선택했어요.

이후 아기를 잃은 슬픔은 더 깊은 곳으로 내려간 거 같았어요. 다시 출발점으로 돌아온 것 같았고 새롭게 태어난 거 같았어요. (…) 3개월 후 임신을 했어요. 많이 행복했어요. 다시 완전해진 거 같았어요. 이루지 못했던 기대와 욕구가 여러 면에서 충족되는 거 같고, 응어리가 풀리는 것 같았어요. (…) 단 한 가지 걸리는 것은 사람들 대부분이 제가 첫 임신이 아니란 것을 알고 있다는 것이었죠. 아기가 태어났을 때 데릭은 옆에 있어 주었어요. 사람들은 데릭에게 둘째의 탄생을 축하한다고 했어요. 데릭에게는 첫아기였는데 말이죠. 하지만 데릭은 아무렇지 않게 그 순간은 넘겼어요. 너무 멋졌어요. 그가 정말 존경스럽더라고요.

패티는 과거를 털어놓았지만 남자 친구가 관심을 보이지 않는다고 처음에는 오해했으나, 나중에는 잘 된 경우다.

만난 지 2주 정도밖에 안 되었지만, 남자 친구에게 털어놓았어요. 저는 '그는 내게 정말 중요한 사람이니 처음부터 솔직하게 말해야겠다. 내 과거를 받아들이지 않는다면 빨리 끝내자'고 생각했어요.

그리고 사랑하는 남자에게 어떻게 말할지 연습도 했다. 마침내 "그를 만나 털어놓았죠. 그런데 '아, 그래?' 하고는 그는 다른 이야기를 하는 거예요. 그에게는 고민할 가치도 없는 일인 거 같더라고요". 하지만 몇 년 후 패티는 그의 진짜 속마음을 알 수 있었다.

그는 그때 제가 얼마나 상심하고 있는지 그리고 그가 떠날까 봐 얼마나 두려워하고 있는지 느꼈다고 하더라고요. 그래서 무관심한 척했던 거라고요. 무심함을 통해 저의 '과거'를 받아들이고 그 과거가 우리 관계에 영향을 주지 않을 거라는 메시지를 전달하려 했던 거죠. 그래서 마침내 오해를 풀 수 있었어요. (Shawyer, 1979: 125, 147)

가장 혼란스러운 경우는 입양 보낸 아기의 친부와 결혼을 고민하는 경우다. 샌드라는 열다섯 살에 출산하고 아기를 입양 보냈다. 퇴소하고 집으로 돌아와 직업 훈련을 받기 시작했다.

필립과 저는 계속 만남을 이어 갔어요. 헤어지고 만나기를 반복하면서요. 서로 결혼할 뻔한 적도 있었지만 하지 않았어요. 뭔가 이상한 거예요. 결혼하는 게 맞는가 싶었죠. 함께할 거라면 애초에 아기를 입양 보내지 말았어야죠. 그때 당시에는 장차 우리가 결혼을 생각하게 될 줄 몰랐었지만요. 어쨌든 정말 어려운 일이었어요. 그래서 우리는 잠시 헤어져 있기로 했죠.

한 연구에 따르면 입양 보낸 아기의 친부와 결혼하게 된 미혼모는 그렇지 않은 경우보다 입양 보낸 사실이 결혼 생활에 더 부정적인 영향을 끼쳤다.

아기 친부가 지금의 남편이에요. 딸을 입양 보낸 것에 대해서 저에게 죄책감을 들게 하는 사람이었죠. 남편과 딸에 대해 말할 때마다 죄책감을 느꼈고 비참했어요. 결혼 후 낳은 두 아이를 다른 주에 있는 할머니 할아버지 댁에 놀러 보내는 것이 싫었어요. 그럴 때마다 입양 보낸 딸이 가엾다는 생각이 들었거든요. 하지만 남편은 그렇게 하자고 고집을 부렸죠. (Deykin et al., 1984)

연인 관계가 아닌 사람들에게 과거를 말하기는 비교적 쉬웠다. 아예 말하지 않거나 말해도 그 영향력은 심각한 것이 아니었다. 레이첼은 친구들보다 "훨씬 나이가 많다고 느꼈다". 실은 친구를 사귀기도 힘들었다.

여전히 제 도덕성에 문제가 있다고 느꼈어요. 또래 여자애들과 제가 같지 않은 거 같았어요. 뭔가 다르고 어쩐지 저는 더 늙은 거 같더라고요. 걔들이 경험하지 않은, 이해하지 못할 일을 겪었으니까요. 그리고 그것에 대해 말할 수 없으니까요.

대체로 비밀을 공유하기에 여성들이 더 신뢰할 만하고 안전해 보였다. 크리스는 오래 지나서야 이 사실을 알았다. "누구에게 말할지 조심하는데요, 여자 친구들에게만은 털어놓아요. 여자애들에게 과거를 이야기하면 정말 놀라운 반응을 보여 주죠. 정말 신기한 일이예요"(Inglis, 1984: 126). 상호작용과 감정의 교류는 남자보다 여자들과 이야기를 공유했을 때 더 잘 일어나는 것으로 보인다.

과거의 일은 새로운 관계 맺기에 큰 어려움으로 작용했다. 가장 어려웠던 경우는 연인과 친구였으며, 그다음으로는 결혼 후 출산한 자녀들과 관계를 맺을 때였다. 결혼 후 출산은 이들에게 안도감과 기쁨을 주었지만, 여전히 과거의 경험은 새롭게 얻은 아기와의 관계에 영향을 주는 것으로 나타났다. 첫 번째 그룹은 아기가 마땅히 누려야 할 사랑을 줄 뿐 아니라 입양 보낸 아기에게 주지 못했던 사랑까지도 과잉으로 쏟는다. 반면에 두 번째 그룹은 입양으로 잃어버린 아기가 있는데 새롭게 태어난 아기를 사랑할 수 없다고 생각했다. 이 경우 새로 태어난 아기를 마음껏 사랑하는 것은 입양 보낸 아기에게 공평하지 않다고 생각한다. 세 번째 그룹은 새롭게 출산한 아기마저 빼앗길지 모른다는 생각에 사랑을 주는 것을 두려워한다. 이들은 다시 또 찾아올지 모르는 이별의 고통이 두려워서, 더 큰 상처로부터 스스로를 보호할 유일한 방법으로 지나치게 사랑하지 않기를 택한다. 한편 더는 아이를 갖지 않겠다고 생각하는 사례도 있다. 이 경우는 대체로 자존감이 낮고 누군가의 엄마가 될 자격이 없다고 생각한다.

> 입양 서류에 사인한 후 (아기를 사랑하지만) 다시 임신하고 엄마가 되기에 저는 부적합하다고 느꼈어요. 아기를 포기하고 입양 보낸 후 어떤 아기도 안아볼 수 없었어요. (Deykin et al., 1984: 277)

이들은 결혼해서 임신을 하면 정말 좋을 것 같다는 생각을 종종 했다. 하지만 막상 결혼하고 아기를 낳으면 상상하던 이해심 많은 이상적인 배우자와 실제 배우자 사이의 괴리가 너무 커서 결국 환멸을 느꼈다. 다시는 임신도 못 할 것 같고 행복해지지도 않을 것 같았다. 이것은 꿈의 상실이었다.

로켈과 라이번에 따르면, 아기를 입양 보낸 미혼모들은 잃어버린 아기의 빈자리를 채우기 위해 계속 아기를 낳는다. 어떤 경우는 더 나은 엄마임을 자신에게 증명해 보이기 위해 나중에 낳은 아기에게 과도하게 애정을 쏟는다. 하지만 잃어버린 아이에 대한 죄책감으로 사랑을 주지 못하는 경우도 있다(Rockel and Ryburn, 1988: 33-34). 몰리는 아기를 입양 보낸 후 반복적으로 임신을 했다. 그리고 그 원인을 "잃어버린 아기를 결코 포기하지 못했기 때문"이라고 생각했다. 딸 수전과의 관계는 어려웠다. 수전은 자신이 엄마가 잃은 아기가 아님을, 그로 인해 엄마가 자신을 온전히 사랑해 주지 않음을 알아 차렸다.

> 수전이 아기였을 때 저는 그 애를 멀리했었어요. 그래서 나중에 수전도 저를 멀리했죠. (같은 책: 66)

한 미혼모는 이렇게 말했다.

> 첫째 아기를 입양 보내고 아기 둘을 더 낳았어요. 그 아이들과 유대감을 형성하는 데 오랜 시간이 걸렸죠. (…) 아이들이 사라지지 않을 거라는 사실을 깨닫는 데도 시간이 걸렸고요. 너무 우울해서 집에 있을 수만 없어서 일하러도 나갔어요. 그리고 잃어버린 첫째에게 아무것도 줄 수 없는데 두 아이에게 애

정을 쏟으면 안 된다는 생각이 들었어요. 잃어버린 아기에게 공평하지 않은 것 같았거든요.

2. 해결되지 않은 슬픔

윙클러와 반 케펠(Winkler and van Keppel, 1984)에 따르면 입양은 장기간에 거쳐 친생모에게 부정적인 영향을 끼친다. 연구 대상 여성의 약 절반이 최대 30년 동안 상실감이 지속되었으며 시간이 갈수록 커졌다. 어떤 사례자는 이렇게 말했다.

> 가장 행복한 순간에도 상실감은 몸의 통증으로 나타났어요. 때로는 불편함과 통증 중간쯤의 배가 아려 오는 듯한 아픔이 수반되기도 허요. (Roll et al., 1986: 264)

일반적으로 미혼모는 비교 집단의 여성들보다 심리적 적응 문제를 더 겪는다. 특히 아기를 포기하고 입양 보낸 미혼모는 우울증, 불안, 신체 건강 문제를 겪을 가능성이 더 컸다. 하지만 연구진은 모든 미혼모가 아기를 입양 보낸 후 적응에 실패한 것은 아니라는 사실도 지적했다. 배려심 있고 사려 깊으며 이해심 많은 친구나 친척이 주변에 있었던 미혼모는 상실감에 더 잘 적응했다. 아기를 잃은 고통은 여전히 매우 컸지만, 슬픔을 극복하고 결국에는 평정심을 되찾았다.

> 좋은 남편과 가족이 아니었다면 아기를 입양 보낸 사실을 받아들이고 살 수 없었을 거예요. 우리는 함께 이야기하며 울었죠. (Winkler and van Keppel, 1984: 46)

> 전 운이 좋았어요. 모든 것을 이야기할 수 있는 훌륭한 엄마가 있었거든요. 한 번도 제 감정을 억누를 필요는 없었어요. (같은 책: 49)

그런데 문헌에 언급된 미혼모 대부분은 입양으로 아기를 상실한 후 다시 현실에 적응하는 데 오랫동안 어려움을 겪었다. 이들의 경험은 간과되어 왔다. 물론 평정심을 찾은 경우도 있었지만 대다수는 그렇지 못했다.

쇼여에 따르면 친생모는 해결되지 않은 슬픔으로 오래 그리고 깊이 고통받은 여성이다(1979: xi). 아기는 사라졌지만 죽지 않았다. 그들이 낳은 딸과 아들은 계속 존재하고 있다. 이는 정상적으로 슬퍼할 수 있는 능력을 교란시킨다. 아기가 다른 누군가의 집에 있다는 것, 보이지는 않으나 자라고 있고, 생일을 맞고 있고, 학교에 가고, 결혼을 하고, 아기를 가질 것이라는 생각은 상실을 현실로 수용하기 어려운 특수한 상황을 만들어 낸다. 그들이 가장 많이 사용하는 언어는 "고통"이다. 많은 여성이 아기를 잃었다고 말하고 그중 어떤 여성은 참을 수 없는 고통으로 온몸이 "산산조각이 나는 것 같다"라고 증언한다.

상실과 고통

아이는 결코 기억에서 사라지지 않는다. 단 한순간도 멈추지 못하고 아기를 생각한 경우도 있었다.

> 아기를 보내고 적어도 3~4년 동안 하루도 빠지지 않고 아기를 생각했어요. 아기에 대해서 말할 때마다 눈물을 흘렸죠. (Winkler and van Keppel, 1984: 52)

입양 기관을 통해 열두 살 딸 소식을 들을 수 있을지도 모른다는 사실을 알게 될 때까지 폴린은 계속 딸 생각만 했다. "제 마음에서 지울 수가 없었어요. 그것 때문에 우울했죠"라고 말했다. 오랫동안 상실감과 함께 산 사례도 있다.

> 18년 동안 상실감에 시달렸어요. 마치 아기가 죽은 것처럼 말이에요. 하지만 아기는 어딘가에 살아 있잖아요. 어딘가에 있는데 보지 못하는 것, 그 때문에 더 상심한 것 같아요. (같은 책: 54).

그 밖에도 "제 몸에 아기가 있었던 느낌은 결코 사라지지 않을 거예요. 아기를 잃고 밤마다 울던 때가 제 기억 속 깊이 있어요"(Sorosky et al., 1978: 56), "매일 아기를 생각해요," "내 몸의 한 부분이 없어진 것 같아요," "거의 12년간 울다 잠들었어요"와 같은 표현들은 오랫동안 감정의 격렬함을 견디는 친생모의 상황을 전형적으로 보여 준다(같은 책: 57-59). 그리고 같은 편지 묶음에서 발견된 열여섯 살에 딸을 낳은 한 미혼모는 이렇게 썼다.

> 입양은 내가 겪은 일 중 가장 고통스러운 일이었다. 아픈 마음은 절대 회복되지 않는다. 아픔은 계속 된다

어떤 경우는 상실감을 극복했다고 생각했지만, 수년 후 다시 슬픔이 찾아왔다. 심지어 복수하겠다는 생각을 한 사례도 있었다. 12년 전에 아기를 포기하고 입양 보낸 미혼모가 있었다. 아기를 사랑했기에 지키고 싶었다. 하지만 그럴 수 없었다. 사

람들은 아기를 곧 잊을 거라면서 위로해 주었다.

> 그 후 10년 동안 저를 추슬렀어요. 남편과 아들과 사랑을 주고받으며 좋은 삶을 꾸리는 데 성공했을 때, 제 삶이 편안하고 안정되었을 때, 그때부터 기억이 나기 시작하는 거예요. 그리고 그 기억들은 마치 단단히 얼어붙었다가 비로소 녹아내린 것처럼 선명했죠. 기억들은 질서도, 우선순위도, 전후 맥락도 없이 제 머릿속을 무자비하게 떠돌았어요. (같은 책: 57)

아기를 입양으로 잃은 미혼모의 대다수가 세월이 흘러도 여전히 고통스럽다는 사실에 많이 당황한다. 아기 입양이 인생에서 내리기 가장 어려웠던 결정이었다면, 그 이후 찾아오는 상실감은 인생에서 가장 고통스러운 경험이었다. 한 미혼모는 이렇게 말했다.

> 나는 평생 많은 정서적, 육체적 고통을 경험했어요. 아마도 어떤 누구보다도 더 많은 고통을 겪었지만, 가장 큰 상처는 열일곱 살 때 낳은 어린 아들을 입양 보낸 것이었어요. (Shawyer, 1979: 18)

낸시는 20년이 지난 지금도 아기를 잃은 고통이 트라우마로 남아 있었다. 그녀는 "아직도 아픔이 남아 있어요. 잊을 수가 없죠. 제게 일어난 일 중 가장 힘들고 고통스러웠는데 아무도 이해해 주지 않는 것 같아요"라고 말했다.

어떤 미혼모는 아기뿐 아니라 자신의 일부도 사라졌다고 말한다. 자신의 삶에 "틈"이 생겼고 "구멍"이 났다고도 표현한다. 그들은 자신이 "불완전하다"고 생각하거나 자신의 일부가 "죽었다"고 느끼기도 했다. 크리스틴은 이렇게 말했다.

> 아들이 그리워요. 아들의 팔과 다리, 얼굴, 온몸이 그리워요. 아기와 헤어져 병원에서 나왔을 때 마치 팔이 잘린 것 같은 느낌이 들었어요. 아기 몸을 만지고 싶고 그리웠어요. 지금도 아들이 그리워요. 친구 베로니카에게는 제 아들 제임스와 비슷한 나이의 앤드루라는 아들이 있어요. 앤드루를 보면 너무 좋지만 제 아들 제임스가 더 생각나요. 전 아들을 찾고 있어요. 아들이 저를 찾아 준다면 마침내 평화를 얻고 조금 더 완전해질 수 있을 것 같아요.

고통과 함께 죄책감도 뒤섞여 있다. 아무리 생각해 보아도 미혼모 자신에게 잘못이 있는 것 같았다. 혼외 임신을 했고 아기를 지킬 수 없었다. 아기를 잃지 않기 위해 충분히 노력하지 못했다는 자책감이 든다. 캐시는 이렇게 말했다.

> 너무 심한 죄책감이 들어요. 감당하기 힘들 정도예요. 제 아기를 제가 포기했다는 사실이요. 정말 최악이에요. 질 수밖에 없는 게임이었어요. 너무 고통스럽고 끔찍한 일이었어요. 죄책감에 늘 빠져 지내요. (Inglis, 1984: 161)

페이는 과거를 떠올리며 그때 정말 애썼다면 아기를 지킬 수도 있지 않았을까 하는 생각에 자책했다.

> 겨우 열일곱 살이었지만 더 열심히 노력하면 아기를 지킬 수

있지 않았을까 하는 생각이 들기 시작했어요. 아파트를 구할 돈도 없었고 온통 장애물이었지만요. 아마도 감당할 수 없었겠지만, 그래도 애썼다면 되지 않았을까 하는 생각이 드는 거예요. 그런 생각을 하니까 더 큰 죄책감에 시달리게 되죠. 다른 일들도 이겨냈는데, "아기를 지키려고만 했다면 아기와 잘 헤쳐갔을 수도 있었을 텐데"하고 말이죠.

상실감이 되살아날 때

입양을 보낸 후 하루하루 살아가며 과거의 기억과 고통이 다시 올라올 때가 있다. 가령 입양 보낸 아기의 생일이 되거나 아기의 기억을 떠올리는 장소를 지날 때 예전의 고통과 아픔이 되살아난다. 결혼하고 아기를 출산했을 때도 친구의 아기가 사망했을 때도 상실감에 시달린다. 이 중 가장 고통이 심할 때는 입양 보낸 아기의 생일이 되었을 때다.

> 입양을 후회하지는 않지만, 그때도 옳은 일이라고 생각했고 지금도 그렇지만, 매년 입양 보낸 딸 생일이 돌아오면 여전히 슬퍼요. 좋은 사람들과 함께 잘 지내고 있는지 너무 궁금해지고요", "아기 생일이 돌아올 때마다 그냥 앉아서 울기만 해요. (Shawyer, 1979: 103, 166)

루이스의 경우는 아기 생일이 돌아올 때마다 아팠다. "무슨 일을 하고 있든 마치 알람이 맞춰져 있는 것처럼 그날이 되면 아팠어요"(Inglis, 1984: 143). 메리는 딸의 생일이 돌아오기 이틀 전이 되면 집을 떠났다. 가족의 눈치를 보지 않고 슬퍼하기 위해서였다.

그때가 되면 남편은 저를 멀리했어요. 그래서 친구 집에 가서 펑펑 울곤 했죠. (…) 가족 모두 7월이 오는 걸 두려워했어요. 저랑 있는 걸 원하지 않았어요.

결혼 후 임신했을 때도 입양으로 잃어버린 첫째 아기가 고통스럽게 떠오른다. 두 번째 임신에 대한 반응은 각각 달랐지만 대부분 기대했던 임신이었기에 마음껏 기뻐했다. 마치 그 전에 누리지 못했던 것에 대한 보상이라도 받으려는 듯 말이다. 하지만 행복 속에서 죄책감을 느끼기도 했다. 입양 보낸 첫아기에 대한 기억 때문이다. 임신과 출산에 이르기까지 여러 단계를 거칠 때마다 억누르고 있던 상실의 고통이 표면으로 올라왔다. 어떤 경우는 두 번째 출산 후에야 첫 번째 아기를 잃어버렸다는 상실감이 찾아왔다.

둘째 역시 남자아이였어요. 그 애가 태어나고 나서야 첫아기를 입양으로 잃어버렸다는 상실감이 밀려들었죠. (Winkler and van Keppel, 1984: 53)

메리앤은 결혼 후 딸을 낳았다. 떠들썩한 축하를 받으며 입양으로 상실한 아기를 떠올리지 않을 수 없었다. 침묵으로 일관했던 사람들, 아기와 자신에게 어떤 관심도 보이지 않았던 사람들이 이제는 웃으며 축하하고 있었다.

저는 갓 태어난 미셸을 안고 입양 보낸 딸 리사를 생각했어요. 불쌍한 어린것. 세상에서 오직 나 혼자만 리사를 사랑했던 것 같았죠. 아무도 우리에게 관심이 없었으니까요. 전 미셸을 안고 잃어버린 리사를 위해 울고 또 울었어요.

샌드라는 둘째 토머스를 낳았을 때도, 셋째 루시를 낳았을 때도 변함없이 잃어버린 첫 번째 아기 캐런이 생각났다.

토머스가 태어났을 때 모든 것이 다시 선명하게 떠올랐어요. 아기가 하는 행동 하나하나가 캐런을 생각나게 했죠. 그리고 그 애를 잃었다는 것을 다시 실감했어요. (…) 세상 그 누구보다 캐런만 생각했던 거 같아요. 캐런의 생일이 되거나 사람들이 아이가 몇이냐고 물었을 때도 떠올랐어요. 아주 사소한 것에서도 생각이 났어요. 가령 루시가 태어나서 신생아 수첩을 적을 때도 그랬어요. 수첩에는 형제자매를 적는 난이 있잖아요. 거기에 캐런 이름도 적고 싶었어요. 왜냐하면 모든 아이들이 형제이고 자매잖아요. 캐런, 토머스, 루시 모두 아버지가 같아요. 그러니까 이복 형제자매가 아닌 진짜 형제자매라고요. 그런데도 전 캐런 이름을 적지 못했어요. 제게 입양으로 잃은 아기가 있다는 사실은 비밀이어야 하니까요.

또 다른 형태의 상실을 경험할 때 오래된 예전의 상실감이 촉발되기도 한다. 과거의 슬픔이 해결되지 않은 채 남아 있기에 사소한 형태의 상실이라도 과거를 자극하기에 충분하기 때문이다. 사람들은 사소한 일에 과잉 반응을 한다고 생각하지만 실은 과거의 상처와 슬픔이 되살아나는 것이다. 재닛의 경우 안 좋은 일들이 겹치며 혼란과 좌절 속에 상당히 괴로워했다. 아들은 동성애자임을 밝혔고, 딸은 피부암일지 모른다고 했으며, 친한 친구는 죽었다. 재닛은 상담사와 이야기를 하면서 일련의 사건은 형태는 다르지만 모두 일종의 상실이며, 자신이 힘든 이유는 상실감 때문임을 알게 되었다.

> 오래전 아기를 입양으로 잃었고, 이젠 딸을 잃을지도 모르며, 아들에 대한 기대도 놓아야 해요 (…) 내 친한 친구 메기도 떠났죠. 나중에 알았는데 메기는 뇌종양이었어요. 그리고 죽기 이틀 전 제왕절개로 28주가 된 아기를 낳았어요. 아직 병원에 있는 아기를 (…) 보러 갔는데 그 애를 너무 데리고 오고 싶더라고요. 입양 보낸 아기를 그 애로 착각했던 거 같아요. '저 애를 병원에 그냥 두어서는 안 돼'라고 생각했죠. (…) 안 좋은 일이 연속으로 일어났고 그에 따라 상실감은 켜켜이 쌓여 갔어요.

고통 속에서 도움을 찾지만

상실에 적응하지 못하는 경우 종종 우울감에 시달리거나 심지어 정신과 질환을 앓기도 했다. 잠을 이루지 못했고, 툭하면 울었으며, 마치 온몸이 "산산조각이 나거나" "미쳐가는 것 같았다"라고 말했다. 일부는 심리 치료사나 전문 상담사의 도움을 받기도 했다. 로레인은 열여섯 살 때 출산하고 아기를 입양으로 잃었다. 이후 슬픔과 상실감은 그냥 억눌러 왔다고 했다. "딸을 보낸 사실을 감당할 수 있는 유일한 방법은 그것에 대해 생각하지 않는 것"이었다. 세월이 흘러 입양 보낸 딸이 성장하여 로레인의 연락처로 전화를 한 적이 있다. 하지만 로레인은 외출 중이어서 받을 수 없었다. 이후 딸은 다시 전화하지 않았다. 그해는 로레인에게 최악의 한 해로 기억된다.

못 견딜 거 같았어요. 일도 나가지 않았죠. 매 순간 무너지고 있었어요. 잠도 오지 않았어요. 불면증이 생긴 거죠. 일할 의욕도 없었고 몇 주를 쉬었죠. 약을 먹었지만 아무 소용이 없었어요. 신경쇠약 상태였어요. 평소의 저와는 완전히 다른 사람이 되었더라고요. 전 원래 수다스럽고 유쾌한 사람이라서 "일단 해볼까", "시작하자"라고 말하는 스타일이거든요. 그런 모습은 갑자기 어디로 사라지고 아무것도 할 수 없었어요. (…) 외부와 단절하고 철저히 혼자가 되고 싶었어요. (…) 치료를 위해 심리 상담가를 만났더니 좀 도움이 되더라고요. 치료 때문이라기보다 선생님이 제 이야기를 들어주고 대화를 해 주니까 그게 좋더라고요.

아기를 입양 보내고 곧 무너질 듯했던 미혼모가 큰 힘을 내 굳은 결단력으로 직장을 찾아 일을 시작하거나 새로운 사람을 사귀기도 한다. 이들은 아기를 잊고 자신의 삶에 열정적으로 몰두했다. 그러나 그 속도가 너무 빠른 나머지 다시 우울한 상태가 되거나 신경쇠약에 걸렸다. 이후 모든 것을 멈추고 아기를 입양 보내고 우울했던 그때와 같은 상태가 된다. 자존감이 낮아지고, 쓸모없고 무가치한 자신에게 관심 가져 줄 사람은 없다고 생각한다. 또한 언젠가 혼외 임신과 출산, 아기 포기와 입양에 대한 죗값을 치루게 될 것이라고 생각한다. 자살을 입에 올리거나 우울감에 많이 울기도 한다.

케이트는 아기를 입양 보낸 지 23년이 지난 후 우울증에 빠졌다. "최근 몇 년 동안 경험하지 못했던 슬픈 시간"이었다. 이처럼 뒤늦게 슬픔이 찾아오는 경우도 드문 일이 아니다. 루시도 많은 어려움을 겪었다. 열여덟 살에 아들 리엄을 출산하고 키우기 위해 무척 애를 썼다. 하지만 돈이 없었고, 정부나 부모의 지원도 받을 수 없어 점점 아기가 버거워졌다. 여기저기 아기를 맡겼지만 아기를 봐 줄 사람을 더는 찾지 못하게 되었다. 결국 아들은 생후 6개월이 채 되지 않았을 때 지역 보호소로 옮겨졌다. 보육원에서 짧은 시간을 보낸 후 입양 보내졌다.

> 한동안 리엄을 낳았다는 사실도, 그 애를 입양 보냈다는 사실도, 아기를 잃어버렸다는 현실도 모두 잊으려 했어요. 모든 기억을 한곳에 몰아넣고 뚜껑을 닫아 버렸어요. 그런데 결국 실패했죠. (…) 한 번은 완전히 무너졌었어요. 정말 심한 우울증에 시달렸고 술도 많이 마셨어요. (…) 정신과 치료도 받고 약도 먹었지만 지금 돌이켜보면 저는 다른 사람들이 시키는 대로 했던 것 같아요. 스스로 결정을 내릴 힘이 없었죠. (…) '가족'이라는 사람들에게 실망했어요. 엄마가 리엄에 대해 알게 되었을 때 저나 리엄을 걱정하기는커녕 사람들에게 알려질까 봐 그걸 더 걱정했어요. "누구에게 말한 건 아니지? 아무한테도 말해서는 안 돼"라는 말만 했어요. 돌아가시는 날까지 계속 엄마를 원망했어요. 지금은 원망하는 마음은 없어요. 그냥 화가 나죠.

3. 부모, 배신 그리고 분노

분노는 회복과 적응이 진행되고 있음을 보여 주는 초기 징후 중 하나이다. 아기를 상실한 모든 미혼모가 분노를 느끼거나 표출하는 것은 아니다. 그들은 여전히 모든 일을 전적으로 자신의 책임이라고 생각한다. 죄책감은 그들의 몫이다. 수치심과 죄책감에 빠져 있으면 분노를 느껴도 표출하기 어려운 경우가 많다. 자책감이 누그러지면 그때야 비로소 분노가 올라온다. 미혼모가 아기 포기와 입양을 어떻게 경험하느냐는 주로 자신과 가깝고 중요한 관계에 있는 사람들에 의해 영향을 받는다는 우리의 가설이 맞는다면 그 분노는 부모를 향할 것이다. 그리고 실제 그런 경우가 많다. 하지만 자신을 탓하면 분노 또한 자신을 향한다. 사람들에게 맞서지 못한 자신의 나약함을 자책한다. 더 밀어붙이고 단호했다면 아기를 키울 수 있었으리라 생각한다.

분노는 가장 원시적이고 건설적이지 않은 반응일 수 있는 복수심으로 이어지고, 자신에게 큰 고통과 아픔을 안겨 준 엄마나 아기 아버지를 원망하게 된다.

> 아기를 포기하도록 한 부모님께 화가 났어요. 전 다시 아기를 갖지 않았죠. 그리고 아기가 없는 저를 걱정하시는 부모님을 보고 잘 됐다고 생각했어요. 미안하지만 정말 그랬어요. 그제야 제가 아기를 포기하도록 한 것에 대해 부모님이 죄책감을 느끼는 거 같았어요. 저는 '이제 **부모님도 나처럼 고통을 받고 있네**. 난 수년간 고통스러워했는데 이젠 내가 괴로워하는 엄마 아빠의 얼굴을 보고 있구나'라고 생각했어요. (Rockel and Ryburn, 1988: 32-33)

입양이 최선이라며 밀어붙인 장본인은 부모였으나 당시 미성년이었던 딸은 그 점을 크게 의식하지 못한다. 하지만 세월이 흐르고 과거 일을 떠올리면 자신들은 아무 힘이 없었고 부모가 힘을 가지고 모든 것을 결정했음을 깨닫는다. 그런데 결정은 부모가 했는데 고통은 자신이 받는다는 사실을 깨달으며 부모를 용서할 수 없는 심정이 된다. 그리고 부모가 자신과 아기에게 한 일을 생각하며 점점 커지는 분노를 표출한다. 재닛은 이렇게 회상했다.

> 저는 충격적인 경험을 많이 했어요. 엄마는 때때로 저를 비난하며 그 일을 들먹거렸죠. 엄마가 무책임한 사람이라는 생각이 들기 시작했어요. 엄마와 무슨 이야기를 하다 울음을 터뜨리고는 "엄마가 내 인생을 망쳤어, 엄만 정말 멍청해"라고 말했죠. (Inglis, 1984: 99)

로레인은 당시에는 몰랐지만, 시간이 지난 뒤 생각해 보니 아버지가 입양을 결정한 것은 자신과 아기를 위해서가 아니라 아버지 자신을 위한 것이었음을 깨달았다.

> 아버지가 한 입양 결정은 저를 위한 것은 아니란 것을 이젠 알 것 같아요. 정말 사랑이 많고 배려심이 깊은 분이었기 때문에 이렇게 말하고 싶지는 않지만. (…) 아버지는 돌아가셨어요. 살아 계셨으면 아마 아버지에게 막 화를 냈을 거예요. 그런 모습을 보여 드리지 않아서 다행이죠. 저를 위해 입양을 결정하신 것이라고 굳게 믿고 있었어요. 그런데 요즘 심리 치료를 받고 있는데요. 이젠 그렇지 않다고 생각해요. 본인이 망신을 당할까 봐 아기를 입양 보내라고 한 거예요. (…) 사람들이 수군거릴 테니 입양 보내라고 했다면 차라리 나왔을 것 같아요. 그런데 아버지는 "아기가 있으면 네 삶은 없을 거야. 그러니 입양 보내라. 너도 결혼하고 행복해져야지. 또 아기를 가지면 되지 않니"라고 했어요. 그런데 이 말은 사실이 아니에요.

물론 아기를 또 가졌죠. 하지만 그 아기가 잃어버린 아기를 대신할 수는 없어요. 아버지가 말했던 것처럼 결혼도 했고 아기도 낳았어요. 그 모든 것이 내 빈 곳을 채워 줄 수 있을 거라 생각했죠. 하지만 그렇지 않았어요. 결혼 생활도 그다지 행복하지 않았어요. (…) 차라리 싸울 걸 그랬어요. (…) "모두 꺼져요! 이 아이는 내 아기예요. 절대 포기하지 않을 거니까 모두 지옥에나 가 버려요. 난 아기를 키울 테니까"라고 말했어야 했어요.

메리는 점점 커지는 분노가 오히려 기뻤다. 18년 동안 "겁쟁이"에서 "매우 강한 사람"으로 변하는 자신을 보았고, 강해짐과 함께 분노도 커졌다. 자신에게서 아기를 빼앗아 간 엄마를 원망했다. 아무도 메리의 의견은 묻지 않았다. 모든 것이 "등 뒤에서" 계획되었고 어느 날 친척이 나타나 태어난 지 몇 주 된 메리의 아기를 미국으로 데려가 입양 보냈다.

저는 쓸모없고 무가치한 사람 같았어요. 가족들은 아무도 도와주지 않았죠. 그래서 너무 괴로웠어요 (…) 엄마는 강한 분이셨어요. 쉽지 않았죠. 아무도 제 감정이 어떤지 아기에 대해 어떻게 생각하는지 알아주지 않았어요. 전 그냥 입을 다물 수밖에 없었죠. (…) 돌이켜 보면 너무 순진하게 아기를 넘긴 거 같아요. (…) 엄마 쪽 친척 아줌마가 왔어요. 그 남편도 같이요. 그분들은 아기를 입양해서 키우고 있었는데 키우고 있던 아기도 데려왔어요. (…) 그러더니 작별 파티를 한다는 거예요. 전 도저히 감당이 안 되어서 그냥 밖으로 나갔어요. 화를 내며 마당에 있는데 친척 아줌마가 와서 "결혼하면 네 아이를 가질 거야, 멋진 남자가 많이 있잖니"라고 말했어요. (…) 저는 화를 내며 "절대 아기 못 데리고 가요, 절대로"라고 말했죠. "내가 아기를 키우고 싶다는 거 알면서 어떻게 외국으로 아기를 데려가려는 거죠?" (…) 그랬더니 깜짝 놀라더라고요. 전 그 여자가 어디를 가든 찾으려고 했어요. (…) 화를 내는 것 외엔 아무것도 할 수 없었어요. 그게 아기를 찾는 유일한 방법이라고 생각했어요. (…) 전 아기를 도둑맞았어요. 합법적으로 이루어졌는지 어쨌는지 모르겠지만요, 전 딸을 도둑맞은 거라고요. (…) 어머니에게, 그리고 저 자신에게 화가 났어요.

"아기를 위해" 또는 "미혼모 자신을 위해" 아기를 입양 보내라는 말을 믿고 입양 보냈는데 결국 어떤 식으로든 이익을 얻은 것은 부모였다는 사실을 깨닫게 될 때 이들은 더 큰 분노를 느꼈다. 올가는 독실한 기독교 신자였다. 임신은 죄였고, 그 죄를 씻을 수 있는 유일한 방법은 아기를 입양 보내는 것이었다. "이제는 그 일만 생각하면 너무나 너무나 화가 나요. 저는 기독교 때문에 속아서 입양 보냈어요."

미혼모는 시간이 지나며 자신을 탓하기보다 당시 자신이 처했던 상황이 문제였고 잘못은 가까운 사람들에게 있다는 것을 조금씩 깨닫는다. 그리고 사람들에게 배신감을 느꼈다. 그리고 "부도덕"했거나 "죄"를 지은 것이 아니라 "운이 나빴다"라고 생각했다. 성관계를 했으나 운이 좋아 임신을 피한 다른 여자들과 달리 운이 나빠 임신을 하게 되며 겪어야 했던 모든 죄책감과 상처가 불공평해 보였다. 미혼모는 죄를 지었고 부도덕하므로 아기를 키워서는 안 되며, 잘못을 저질렀기에 아기가 주는 기쁨을 누릴 수 없다고 했다. 또한 미혼모는 모성애를 가져서도, 사생아 역시 어머니의 사랑을 기대해서는 안 된다는 말을 들으며 아기에 대한 감정이 억압되었다. 엄마와 아빠가 있고 모든 기쁨을 합법적으로 누릴 수 있는 법적 혼인으로 이루어진 가정으로 아기를 보내라는 말을 들을 뿐이었다. 팻은 "돌이켜보면 내가 어떻게 그 모든 헛소리를 듣고 믿었는지 믿을 수 없다"며 한숨을 쉬었다.

> 저는 아이를 낳았지만 결혼하지 않았기 때문에 엄마가 될 수 없었어요. 엄마가 아기를 위해 하는 것, 가령 안아 주고 사랑을 주는 것도 할 수 없었어요. 그것은 옳지 않았기 때문에요. 그런데 좀 이상하지 않나요? 저는 그래서는 안 되었는데 누군가는 그래도 되었죠. 결혼을 했으니까요. 그리고 저 보고는 아기를 입양 보내야 한다는 거예요. 왜냐하면, 아기는 엄마가 필요한데 전 엄마가 아니니까요. 그런데 결혼하지 않고 임신했다고 엄마가 아닌가요? 이건 정말 미친 생각이에요, 그렇지 않나요? 고작 열일곱 살짜리가 되바라져 가지고는. 정확히 그렇게 말한 건 아니지만 엄마가 한 말의 요점은 그랬어요. 저에게는 첫아기, 엄마에게는 첫 손녀인데 어떻게 그런 말을 할 수 있었을까요. 정말 엄마에게 화가 나고 배신감을 느껴요!

4. 잃어버린 아기를 마음속에 그리며

잃어버린 사람을 찾고 싶다는 생각은 일반적으로 슬픔에 대한 반응 초기에 발생한다. 남겨진 사람은 종종 사랑하는 사람을 "보거나" 그들의 목소리를 "듣는다." 그러나 입양으로 아기를 잃은 미혼모가 느끼는 상실감은 매우 특이하다. 왜냐하면 아기는 어딘가에 존재하지만 그 흔적을 어디서도 찾을 수 없기 때문이다. 사람들은 아기를 보지 못했을 수도 있고 심지어 아기가 있었다는 사실조차 모를 수 있다. 입양 보낸 아기는 유품도 무덤도 없으니 슬퍼하고 애도할 물건이나 물리적 공간도 없다. 이니드는 아기의 사진을 보관하고 있다가 결국 버렸다.

> 가끔 사진을 꺼내서 울곤 했어요. 그런데 결혼 후 낳은 아이들이 혹시라도 사진을 보고 누구냐고 물을까 봐 겁이 나서 사진을 없애 버렸어요. 제가 정말 어리석었죠. 뭔가 둘러대도 되었을 텐데. 그런데 아기 사진의 존재는 마치 제가 얼마나 부끄러운 짓을 했는지 말하는 것 같았어요. 사진을 버린 후 아들을 기억할 수 있는 것은 아무것도 남지 않았어요.

이니드는 30년 전에 포기한 아이를 생각하며 다시 울었다. 아기가 성인이 되어 친생모를 찾는다면 다시 만날 가능성이 전혀 없는 것은 아니다. 그런데도 미혼모는 과거를 회상하며 아기에 관한 이야기를 할 때 아쉬움에 가득 차 있다. 오랫동안 상실감을 안고 살아왔고 슬픔이 해결되지 않은 채 남아 있기 때문이다. 절망이 가장 심할 때는 아기를 입양 보낸 직후 첫 몇 달 동안이다. 입양으로 아기를 잃은 미혼모는 이야기를 마무리할 즈음 다시 아기 이야기로 돌아간다. 그간 어떻게 살아왔는지, 부모님, 남편, 연인, 친구와의 관계에 대해 할 수 있는 모든 이야기를 다 쏟아 낸 후 마지막은 항상 아기에 관한 이야기이다. 어디 있는지 **궁금해하고** 또 어떻게 자랐는지 **머릿속으로** 그려 본다.

> 아기가 잘 살고 있는지 알고 싶을 뿐이에요. 지난 수년간 늘

궁금했죠. (Sorosky et al., 1978: 65)

일반적으로 이들은 행복한 결혼 생활을 했고 사랑스러운 아이들도 있다고 말하지만, 그렇다고 입양으로 잃은 첫아기가 어떻게 지내는지 궁금하지 않은 것은 아니다.

지금은 건강하고 멋진 세 아이를 두었지만, 입양 간 그 아기가 어떻게 되었는지 궁금해요. 하루도 생각하지 않고 지내는 날은 없죠.

요즘은 그렇지 않지만, 과거 미혼모가 되었던 여성들은 거의 신생아 때 아기를 잃었기에 아기의 마지막 모습이 갓난아기의 모습인 경우가 대부분이다. 시간이 지나며 아기가 어떻게 성장하고 있는지, 어떤 옷을 좋아하는지, 관심사는 무엇인지 알고 싶어 한다. 샌드라는 이렇게 말했다.

동네 친구들이 있었는데 입양 보낸 딸 줄리 또래의 아이들을 키우고 있었어요. 줄리는 이제는 많이 컸겠죠. 동네 친구의 아이들을 보면서 '아, 지금쯤 줄리도 저런 모습이겠구나. 저런 귀여운 양말을 신으면 어떨까, 저 애들처럼 옷 입는 데 관심이 있다면 아빠 점퍼를 갖다 입어도 멋있겠는걸'하는 생각을 하곤 했죠.

웬디 역시 이야기 끝에 이제 사춘기가 되었을 딸이 어떤 모습일지 상상했다.

단 하루도 아기를 생각하지 않은 날이 없어요. 이제는 아기가 아니겠죠. 그 애 생일이 돌아올 때마다 올해는 얼마나 컸을까 마음속으로 그려 보죠. 혹시 가죽옷을 입고 쇠사슬을 두른 완전히 괴상한 펑크족의 모습은 아닐까도 생각해 봤어요! 아마 예술적 감각은 있을 거 같아요. 아빠처럼 대학에 진학했을 수도 있고, 저처럼 음악 쪽에 관심을 가졌을 수도 있겠죠. 아니면 아빠나 저와는 전혀 다른 사람이 되었을지도요. 언제나 어떻게 자랐을지 마음속으로 그려 봐요.

많은 경우 이제 어른이 된 자녀를 만나고 싶다고 고백하거나, 그것이 불가능하다면 멀리서라도 보거나 사진 한 장이라도 함께 찍고 싶다고 말한다. 누군가는 편지에 "언젠가 아들과 만날 수 있기를 기도합니다"라고 쓰기도 했다. 20년 전 열일곱 살 때 아들을 낳고 입양을 보내라는 압박을 받아 아기를 입양 보낸 한 미혼모는 이렇게 말했다.

계속 궁금했어요. 입양 보내고 종종 울면서 잠들었어요. 그 애를 정말 보고 싶어요. 만약 불가능하다면 어떻게 지내고 있는지라도 알고 싶어요. 그 애 소식을 듣거나 사진만 볼 수 있어도 좋을 것 같아요. (Shawyer, 1979: 110, 118)

입양 보낸 아이와 만나는 상상만으로 만족하는 경우도 있었다. 가령 레오니는 "어느 날 딸의 편지를 받고 내 사랑스러운 딸을 만나 다 설명하면 딸이 나를 용서하면서 모든 것이 마무리되는 백일몽을 꾸곤 해요. 그 이상은 생각하지 않아요. 단지 환상일 뿐이니까 그 이상을 상상하면 안 돼요"(Inglis, 1984: 169)라고 말했다. 레오니는 실망도 커질 수 있기에 희망이 더 커지지 않도록 조심했던 것이다. 어떤 미혼모는 "아이를 찾겠다는 집념이 강해졌어요. 잠도 못 자고 두통을 달고 살았죠. 잃어버린 딸을 생각하지 않는 적은 한 번도 없어요"(Deykin et al., 1984: 276)라고 말했다.

대부분의 미혼모는 아기에 대한 소식을 듣거나 만나고 싶다는 강렬한 욕구를 가졌지만, 이것이 아기와 입양 부모 모두에게 위협이 될 수 있다는 사실도 인지하고 있었다. 이들은 아기의 삶을 "방해"하거나 "간섭"하고 싶지 않다고 말했고, 그 누구도 화나게 할 의도가 없음을 진심으로 표현했다. 그리고 그냥 아무도 몰래 입양 보낸 자녀를 멀리서 보기라도 하면 좋을 것 같다고 했다. 한 미혼모는 편지에 7년 전 어떻게 딸을 입양 보내게 되었는지 썼다. 그리고 현재 자신의 과거를 모두 알고 있는 이해심 많은 남편과 두 명의 자녀와 "매우 행복하게 결혼 생활"을 하고 있다고 했다. 하지만 여전히 입양 보낸 "내 첫 아이"가 어떻게 자라고 있는지 알고 싶어 했다.

> 누군가를 화나게 할 생각은 전혀 없으니 오해하지 마세요. 저는 제 딸이 아주 행복하게 입양 부모를 친부모처럼 사랑하며 살고 있으리라 생각해요. 보고 싶다고 불쑥 나타나 제 존재를 밝히는 것은 꿈에도 생각하지 않아요. 단지 그 애가 어디에 있는지, 어떻게 생겼는지 알고 싶을 뿐이에요. 그 애를 만날 수 있거나 아니면 사는 집이라도 몰래 볼 수 있다면 그것만으로도 좋을 거 같아요. 결혼해서 낳은 내 두 아이를 보면 잃어버린 딸이 어찌 지내는지 더 궁금해지더라고요. (Shawyer, 1979: 92)

어떤 미혼모는 아기를 만나는 것뿐만 아니라 되찾고 싶어

했다. "6년 전, 저는 아들을 입양 보냈어요. 절대로 보내고 싶지 않았죠. 아들을 되찾기 위해서라면 무슨 일이든 할 거예요. 아들을 떠나보낼 때 얼마나 슬펐는지 아직도 생생히 기억해요." 루이즈는 아들의 삶을 방해하고 싶지는 않았지만 할 수만 있다면 다시 데려오고 싶다고 했다. "물론 그러면 안 되겠죠. 하지만 할 수만 있다면 아들을 데려오고 싶다는 생각을 해요"(같은 책: 163).

아주 드문 경우 아기의 소식을 듣거나 아기 사진을 보기도 했다. 그것만으로도 아기에 대해 아무것도 몰랐던 공백은 메워지고 상실감이 완화되었다.

> 아기가 저를 떠난 후부터 텅 빈 것 같았어요. 제 안에 늘 공허함이 있었죠. 제 일부가 사라진 것 같았어요. 이제 어떻게 지내는지 알게 되었으니 잃어버린 부분을 되찾은 느낌이에요. 자신감이 생겼어요. 자존감도 높아진 거 같고요.

이 사례와 함께 로켈과 라이번은 또 다른 사례를 들며 아기가 어떻게 지내는지 아는 것이 친생모에게 안도감을 준다는 증거를 제시한다. 그리고 이는 개방 입양[1]일 경우 친생모가 입양의 필요성과 입양의 이점을 더 쉽게 이해하고 받아들일 수 있다는 사실을 뒷받침한다(Rockel and Ryburn, 1988: 165).

---

1 친생 부모가 입양 과정에 참여하고, 아기를 입양 보낸 후에도 입양 부모와 편지나 사진 교환을 하는 등 계속 연락을 주고받거나 아이를 만날 수 있는 방식의 입양을 말한다. 미국, 뉴질랜드, 호주, 캐나다, 영국, 덴마크 등 여러 국가에서 시행되고 있으며, 각국의 법률과 문화에 따라 그 범위와 방식에는 차이가 있다.

샌드라는 12년 동안 전전긍긍하다가 입양 보낸 딸에 대한 소식을 듣게 되었다. 입양 기관에 여러 번 연락했고, 입양 기관이 결국 딸 캐런에 대한 소식을 전해 주었다. 입양 기관은 딸이 샌드라와 남편에 대해 더 알고 싶어 할지도 모르니 정보를 달라고 요청했다. 이 말에 샌드라는 너무도 기뻤다.

이제 마음이 편해졌어요. 잃어버린 아기만 생각하면 정말 우울했거든요. 제 마음속에서 그 애를 지울 수가 없었어요. 아기 정보에 대한 접근권이 전혀 없다고 생각하니 정말 끔찍했어요. 딸의 연락을 기다리고 있어요. 정말 만나고 싶어요. 하지만 정말 만날지는 딸에게 달려 있죠. 어쨌든 이제는 딸의 소식을 아니까 마음이 좀 더 안정된 것 같아요.

대부분 입양 보낸 자녀와 행복한 재회를 꿈꾸는 이야기를 하지만, 개중에는 입양된 자녀와 절대 만나거나 마주치는 일이 없기를 바라는 소수의 어머니들도 있다. 이들 중 몇몇은 아이와 만나는 것을 무척 두려워한다. 그렇게 되었을 경우 자신의 삶이 혼란스러워지리라 생각하며 두려워하는 것이다. 이들은 주로 남편과 자녀를 포함해 누구에게도 자신의 과거를 말하지 않은 그룹의 미혼모들이었다. 이들은 소수지만 그들이 남긴 편지를 보면 그 감정을 잘 알 수 있다(Sorosky et al. 1978: 70-71). 이들은 아들이나 딸에 대해 알고 싶은 마음은 있지만, 이제 아이는 분리된 존재라고 생각한다. 수년 전에 포기한 아기의 엄마가 될 생각이 없거나 되고 싶어 하지 않았다 입양된 아기의 출생 기록을 공개하는 것은[2] 어리석은 생각 같아요. 애써 새 삶을 개척한 여성 다수가 자신의 삶이 다시 산산이 부서질지 모른다는 생각에 괴로워합니다. '과거'를 묻어 버리고 싶다면 그렇게 할 수 있도록 해야 합니다. 저는 과거의 실수에서 배웠고 지금도 앞으로도 그런 실수를 되풀이하고 싶지 않아요.

저는 열아홉 살 때 아기를 낳았어요. 사생아였죠. 부모님 외에는 아무도 몰랐어요. 3년 후 결혼했어요. 남편은 제 과거를 모르고 앞으로도 말하지 않을 거예요. 저는 이제 괜찮은 직업도 있고, 아이도 낳았고, 사랑이 많은 가정생활을 하고 있어요. 저는 이제 서른 살이에요. 그런데 어느 날 입양 보낸 아이가 집 앞에 나타난다면 이 생활은 끝나겠죠. 그래서 두려워요. 저와 남편은 헤어질 거고 양육권은 남편이 갖게 되겠죠.

그러나 쇼여(1979)에 따르면, 아기를 입양으로 잃은 친생모가 슬픔을 해소할 수 있는 유일한 방법은 아기와 재결합하거나 적어도 실제 만나서 어떻게 성장하고 있는지 보는 것뿐이다. 그러면 아기는 더는 '잃어버린' 자신의 일부로 경험되지 않을 것이다. 입양으로 아기를 잃은 334명의 친생 부모에 대한 연구에서 연구자들은 미혼모에게 아기를 찾을 생각을 해본 적이 있

---

[2] 영국은 1975년 입양법에 입양인이 정보 공개를 원하면 절차를 거쳐 열람할 수 있도록 규정했다. 친생모가 열람을 거부할 수는 없다. 하지만 친생모의 연락 거부권은 인정된다. 만약 연락을 원하지 않음으로 의사 표시를 하면 입양인은 연락해서는 안 된다. 이것은 입양인의 알권리와 친생모의 사생활권 사이의 균형을 잡기 위한 것으로 평가된다.

는지 물었다. 대다수(96%)가 찾을 생각을 해본 적이 있다고 답했고, 65%는 실제로 찾기 시작했다고 대답했다(Deykin et al., 1984: 274). 또한 다른 사람(가족, 사회복지사, 의료진)의 압력으로 입양을 결정했다고 답한 경우가 개인적인 이유(아직 어려서 또는 학교를 마치고 싶어서)로 입양을 선택한 사례보다 훨씬 더 많이 아이를 찾고 싶어 하는 것으로 나타났다. 시간도 중요한 요소였다. "아기를 포기한 지 12년 이상 된 경우가 최근에 아기를 포기한 경우보다 아이를 찾고자 할 가능성이 더 컸다"(같은 책: 274-275).

입양으로 아기를 잃은 친생모의 이야기는 대개 언젠가 다시 만나게 되리라는 희망으로 마무리된다. 이들이 재회를 원하는 이유는 단순히 보고 싶기 때문이 아니다. 아이를 만나 왜 입양을 선택할 수밖에 없었는지 설명하고, 사랑했다고 한순간도 잊은 적이 없다고 말하고 싶기 때문이다. 성장한 자녀가 자신을 보고 수치스러운 짓을 했거나 "몸을 함부로 굴린 여자"가 아니었음을 알게 되고 "삶에서 뭔가를 성취한 사람"임을 자랑스럽게 여길 것이라는 희망에서이다.

패티는 "내가 딸을 얼마나 사랑하는지 알아주었으면 좋겠어요. 그 말만은 제가 꼭 할 거예요"(Shawyer, 1979: 144)라고 말했다. 루이스 역시 무엇보다 아들을 꼭 안아 주면서 "왜 포기할 수밖에 없었는지 말해 주고, 사랑하지 않아서 입양 보낸 것이 아니라는 말을 꼭 해 주고 싶어요"(같은 책: 166)라고 말했다. 또 어떤 미혼모는 아이가 자기를 쉽게 버렸다고 생각할까 봐 괴로워했고, 또 다른 미혼모는 "8년 전에 남자아이를 입양 보냈어요. 지난 몇 년은 저에게 지옥과도 같았어요. 그 아이는 내가 자기를 버렸다고, 사랑하지 않는다고 생각할까요? 생일이나 크리스마스에도 자기 생각을 하지 않는다고 생각할까요?"(Sorosky et al., 1978: 61)라고 물었다.

미혼모에게 잃어버린 아기와의 재회는 수많은 잘못을 바로잡을 기회가 된다. 이것이 그들이 아기를 만나고 싶은 이유이다. 잃어버린 아기를 만남으로써 다시 온전해질 수 있고 그때 상황이 어땠는지를 설명할 수 있다. 그리고 사랑했음을, 지금도 사랑하고 있음을 알림으로써 자존감을 회복할 수 있다. 온전해진 친생모는 그제야 과거를 뒤로하고 자신의 삶을 살 수 있게 된다. 이런 희망이 현실적으로 실현되기는 어렵겠지만 재회는 아기를 입양으로 잃어버린 미혼모들에게 의미 있는 일이다.

6장

침묵을 깨고 목소리를 내다

왜 그토록 오랫동안 아기를 입양 보낸 친생모는 침묵했던 걸까? 왜 그들의 존재는 어디에서도 볼 수 없었던 걸까? 그런데 이제 그들이 스스로 목소리를 내고 있다. 그 이유는 무엇일까?

역사적으로 친생모는 사회적인 인정과 존중을 받지 못했다. 그들의 존재 자체도 철저히 비가시적이었기에 마치 수천 명의 입양 아동이 엄마 없이 하늘에서 뚝 떨어지거나, 기관이나 복지사가 만들어서 입양 부모에게 전달하는 것 같았다. 실제로 입양 보낼 아기가 생기면 기관 사람은 입양 부모에게 "데려가실 아기가 있어요"라고 전화로 알린다. 그리고 친생모에 대해서는 "음악적 재능이 있는 간호원 수습생"이었다거나 "호텔 종업원"이었다는 식의 상투적인 설명을 했다. 수잰 암스에 따르면 이는 "완벽한 속임수"이며 다분히 의도적인 것이다. 친생모의 존재를 부각하면 입양 부모가 아기와 애착 관계를 형성하는 데 방해가 될지 모르기 때문이다.

일부 입양 기관에서는 친생모에게 아기는 입양 가서 필요한 것은 뭐든 갖게 될 테니 아기에게 보낼 선물은 준비하지 말라고 했다. 아기에게 친생모의 존재를 드러낼 모든 흔적은 감췄다. 한편 친생모에게도 입양 부모에 대해 많은 것은 알리지 않았다. 단지 입양 부모가 아기를 간절히 원하는 부부이며, 아기에 멋진 가정을 줄 수 있는 사람들이라는 것 외에는 딱히 알려주지 않았다. 이는 아기 입양은 옳은 선택임을 확신하며 친생모를 안심시키기 위한 것이었다. 친생모가 듣는 마지막 말은 '이제 아기는 잊고 네 갈 길을 가라'는 복지사의 조언이다.

1. 입양이라는 제도의 불완전성

친생모가 왜 침묵해 왔는지 이해하기 위해서는 입양이 어떻게 정의되고, 친생모가 어떻게 규정되는지 알 필요가 있다. 오랫동안 입양은 부모의 돌봄을 받을 수 없는 아동을 돌보는 최선의 방식으로 평가받아 왔다. 1948년 아동법Children Act의 전신인 커티스 위원회 보고서Curtis Committee Report는 입양을 "가장 완벽한 대체 가정을 아동에게 제공하는 방법"이라고 평가했다. 거의 30년이 지난 후에도 입양은 "부모가 돌볼 수 없는 아동을 위해 고안된 가장 좋은 형태의 대리 양육"(Kellmer-Pringle, 1972)으로 여겨졌다.

최근 위탁 부모와 함께 사는 아동들에게 안정성과 영구성을 보장하려는 논의가 활발해지면서, 입양은 다시 한번 이를 제공하는 가장 확실한 방법으로 거론되고 있다. 그러나 입양의 '이면'에는 문제가 있다. 왜냐하면 입양은 법과 입양 기관의 정책과 규정에 따라야 하는 경직된 제도다. 즉 사람이 중심이 아니라 제도에 사람이 맞춰야 한다. 입양 부모는 입양 기관의 승인을 받기 위해 일정한 자격을 갖추어야 한다. 그렇지 않으면 입양을 거부당한다. 입양 기관은 친생모에게 아기를 위한 좋은 가정을 찾아 줄 것을 약속한다. 그리고 아기가 양친을 갖게 될 것이며 사생아라는 낙인에서 벗어날 수 있으며 물질적으로 필요한 모든 것을 누릴 것이라고 이야기한다. 앞으로 아기 소식은 듣지 못할 것이라는 설명도 분명히 한다. 이러한 절차에 따른 입양 과정에서 친생모가 할 수 있는 것은 없다. 입양 기관의 이야기를 듣고 절차에 따라 아기를 넘겨주고, 입양 동의서에 사인하는 일뿐이다. 아기가 배치되고 나면 입양 부모 신원은 번호로만 식별하도록 되어 있다. 한 입양 담당 판사는 입양 판결문에서 입양을 다음과 같이 정의했다.

> 입양은 입양인의 과거와 현재 사이에 장막을 세워 과거를 가리고 투시하지 못하게 하는 일이다. 마치 하나님이 산 자와 죽은 자 사이에 두는 그런 장막 같은 것을 말이다. (Lawson v. Registrar General, rn6 LJ 204, 1956)

입양 기관 관계자는 친생모에게 출산 사실이 "보이지 않는 장막"으로 완전히 가려지므로 절대 드러나지 않을 것이라고 확신했다. 이는 충동적으로 아기를 찾으려 해서는 안 된다는 뜻이기도 하다. 하지만 입양 제도에 의해 소외된 친생모가 느끼는 감정은 다르다. 캐나다에서 실시한 설문 조사에 따르면 14년 전에 아기를 포기한 미혼모 중 77%가 '매우 자주' 또는 '어느 정도 자주' 입양 보낸 아기를 생각했다(Sachdev, 1989). 이는 이 수치만큼의 친생모가 아기가 잘 지내는지 알고 싶은 욕구를 억눌러야 했음을 의미한다. 훗날 자신이 어디서 왔는지 알고 싶은 입양인의 욕구도 입양 제도는 충족시키지 못한다. 도덕적으로 완벽하다고 여겨지는 입양 제도는 바로 이러한 비밀과 은폐를 전제로 한다는 점에서 문제의 소지가 있다.

2. 편견의 장벽을 넘어서

앞에서도 언급했지만 친생모는 사회적 규범을 어긴 사람이라는 혐의를 받는다. 결혼 전 여성들은 혼외 출산이 얼마나 끔찍한 일인지 충분히 들었을 것이다. 이처럼 그 결과를 쉽게 예상할 수 있는 '범죄'는 거의 없다. 이들은 부모로부터 "아기를 데려올 생각 말아라. 네 아버지 마음이 어떻겠니?"라는 이야기를 듣는다. 아이러니하게도 젊은 여성들은 남성에게 매력적으로 보일 수 있는 방법에 대한 다양한 충고를 듣는다. 여성 잡지에 실린 낭만적인 소설에서는 강한 남자의 품에 '무력하게' 안겨 저항하지 못하고 그의 뜻을 순순히 따르는 여성이 아름답게 그려진다. 미혼모를 그토록 비난하는 사회라면 남자를 유혹하는 법과 함께 그를 뿌리치고 순결을 지키는 법도 같이 알려 줬어야 했다. 그렇다면 여성들은 덜 혼란스러웠을 것이다.

미혼 임산부는 엄마가 될 자격이 없다는 말을 듣는다. 그런데 이런 말을 들으면 당사자는 수긍하게 된다. 이미 곤경에 빠진 자신의 어리석음을 탓하고 있던 터이기 때문이다. 인생은 엉망이 되었다. 믿지 말아야 할 사람을 믿은 탓에, 아니면 무모한 일을 한 탓에 모든 것을 잃었다. 이제 간절히 바라는 것은 아기를 낳은 후 과거의 '실수'를 뒤로하고 다시 살아갈 기회가 오기를 기다리는 것이다. 어떤 친생모는 이렇게 말했다.

> 입양이 최선이라고 들었어요. 아기를 정말 사랑한다면 보내야 한다고요. 그 말을 믿는 것 말고는 달리 방법이 없었어요.

입양에 동의 후 번복하는 행위는 부모를 다시 불안하게 만들고 믿고 의지해야 할 복지사를 실망시키는 일이었다. 만약 친생모가 굳이 어려운 양육의 길을 가겠다고 하면 사회복지사들은 자신들의 상담이 '실패'한 것이라고 생각했다. 친생모는 아기를 키우는 데 필요한 물질적, 사회적 지원이 부족하다는 것을 안다. 그럼에도 아기를 키우겠다고 하면 이기적인 사람으로 치부되거나 아기를 간절히 원하는 부부로부터 아기를 빼앗는 사람처럼 여겨졌다. 특히 십 대 미혼모라면 곧 아기의 존재를 잊을 것이라고 단정했다. 예를 들어 십 대 미혼모였던 한 소녀가 아기를 입양 보내고 학교로 돌아와 방학 동안 스키 캠프에 다녀왔다. 사진 속에서 활짝 웃는 모습을 본 그 소녀의 엄마는 딸이 입양 보낸 아기를 잊었다고 확인하며 이렇게 말했다.

사실 너 애초부터 그 아기 원하지 않았다는 걸 알고 있었어!

3. 그림자에서 벗어나기

대부분의 친생모가 사적인 관계에서는 입양 보냈던 사실을 털어놓지만 공개적으로 밝히는 경우는 거의 없다. 하지만 서서히 변하고 있다. 최근 입양 보낸 친생모의 이야기가 잡지에 실렸다. 그간 비가시적이었던 그들의 존재가 입양 아동, 입양 부모와 함께 '입양 삼자 모델'의 한 구성원으로 인정받고 있다. 텔레비전 드라마에도 등장한다. 이 모든 것은 불과 몇 년 전만 해도 상상도 하지 못했던 일이다.

이렇게 된 배경에는 여러 가지 요인이 있다. 그중 하나는 혼외 성관계에 대한 태도와 사회적 수용도가 변했다는 것이다. 이제 홀로 자녀를 키우는 엄마는 모두 '싱글맘'으로 불린다. 여기에는 이혼, 사별, 미혼모가 모두 포함된다. 동거 중인 커플도 결혼한 부부들이 그렇게 하는 것처럼 아기 출산을 알린다. 이같이 변화된 사회에서 여성이 결혼 전에 출산했다는 사실은 그리 충격적이지 않다. 이런 사회에서 아기를 입양 보낸 이유를 설명하기가 오히려 더 어렵다.

    1990년대를 사는 젊은 여성이 1950년대와 1960년대의 혼외 임신으로 위험에 처한 과거 여성의 상황을 가늠하기란 어려운 일이다. 또한 혼외 출산을 한 친생모가 느꼈던 압박감을 느껴보는 것도 가능하지 않다. 한 어머니는 서명만 하지 않았어도 입양은 보내지 않았을 것이라고 안타까워했다. 열여섯 살에 딸을 출산하고 입양 보낸 이 여성이 필자들과 인터뷰를 했을 때는 삼십 대 후반이었다. 시간이 흘렀고 세월은 변했다. 오늘날 미혼 여성이 아이를 키우면 독립적이고 강인하다고 박수를 받는다. 이제 낙인은 미혼으로 아기를 키우는 여성이 아니라, 아기를 포기한 여성에게로 이동했다.

4. 성장한 입양인의 목소리

혼외 임신에 대한 사회적 수용도가 높아지면서 역설적으로 친생모의 입장은 더 복잡해졌다. 이제는 비혼 출산이 아기 포기의 이유가 되기에는 충분하지 않기 때문이다. 이에 비해 입양인의 목소리는 훨씬 강력해졌다. 1975년 아동법에 따르면 입양인은 18세가 되면 출생 증명서 원본을 받을 권리를 부여받는다. 이 법안은 논란의 여지를 남긴다. 왜냐하면 친생모와 입양 부모에게 약속했던 영구적 비밀이 깨질 수 있기 때문이다. 많은 사람들은 오래전에 포기한 아기가 재등장함으로써 친생모의 삶이 파괴될 것이라고 우려했다. 하지만 친생모의 삶에 발생할 불안보다는 입양인이 친생 부모에 대해 알 권리가 더 중요하게 여겨졌다.

1975년 이전까지 별도의 절차 없이 입양인이 자신의 출생 기록을 열람할 수 있는 곳은 스코틀랜드와 핀란드 두 곳뿐이었다. 그런데 입양인 중 친생 부모 찾기 권리를 행사하는 사람은 생각보다 많지 않았다. 스코틀랜드의 경우, 1961년부터 1970년까지 매해 평균 17세 이상의 입양인 중 42명(또는 천명당 약 1.5명)만이 자신의 출생 부모를 알 권리를 행사했다.

존 트리셀리오티스(Triseliotis, 1973)는 출생 정보를 신청한 70명의 입양인을 인터뷰했다. 어떤 이들은 입양 가정에서 행복한 삶을 살지 못했고, 또 일부는 입양모가 사망한 후 친생모를 찾았다. 그는 인터뷰를 마친 후 "자신의 잃어버린 정체성을 완성하기 위해서는 어떤 상황에서 입양이 되었고 친생 부모가 누구인지 알 수 있도록 가능한 모든 정보를 확보할 수 있어야 한다"고 결론 내렸다. 이제 입양인이 자신에 대한 정보를 찾는 것은 정상이며, 마땅히 그래야 하고, 장려되어야 한다는 생각이 점차 정당성을 얻고 있다.

플로렌스 피셔(Fisher, 1973)와 베티 진 리프턴(Lifton, 1979)은 입양인으로서의 경험을 설득력 있게 썼으며, 친생 부모 정보에 대한 접근권은 기본적인 인권이라고 주장한다. 자신의 출생 배경을 알고 싶어 하는 것을 정서적 장애로 보거나 '실패한 입양'으로 보는 믿음은 점점 사라지고 있다. 현재는 그 수에 변동이 있지만 출생 정보를 청구하는 입양인들이 문의는 꾸준히 이어지고 있다. 1983년에는 2,745명의 입양인이 출생 정보를 청구했다.

미혼모들은 자신을 찾으려는 입양인이 있음을 알고 있다. 평생 자신의 감정을 애써 억눌러 온 한 친생모가 입양 보낸 자녀가 자기를 찾고 있다는 이야기를 들었다. 입양 보낸 자녀가 만남을 거부하고 화를 낼 거라는 예상과 달리 오히려 자신을 그리워하고 있었다는 사실을 알게 된 것이다.

어떤 미혼모는 아기를 찾을 법적 권리가 자신에게 있다고 생각하고 또 어떤 이는 입양 보낸 자녀에게 있다고 생각한다.

> 나는 내 딸을 찾을 권리가 없다고 생각해요. 내가 아기를 포기했으니 모든 걸 감수하고 살아야죠. 그저 딸이 나를 찾아 주기를 기다릴 수밖에 없어요.

모든 미혼모는 입양 보낸 아기가 훗날 자신을 찾을지도 모른다고 생각한다. 그러므로 미혼모는 아기를 영구히 찾지 않는다는 입양의 전제가 변하고 있다. 이러한 변화 속에서 가장 논쟁적인 문제 중 하나는 누가 '진짜' 어머니로서 자격이 있는가이다. 입양 부모는 불안감을 느낄 수도 있다. 친생 가족 재회에 관한 기사를 보고 익명의 기고가는 "왜 (…) '진짜' 부모에 대해서는 전혀 언급하지 않나요? 매일매일 아이를 사랑으로 기르고 감싸 준 사람들 말이에요"(*The Guardian*, 1990.7.4.)라고 항의했다. 친생모는 여기에 대한 확실한 답을 가지고 있다. 진짜 어머니는 입양모라고 생각한다. 미혼모는 어머니라는 위치를 원하지 않는다. 한 어머니가 말했듯이 말이다.

> 그 애를 내 아들로 만들려는 것은 아니에요. (…) 그 애를 데려다 쾌냇저고리를 입히려는 것이 아니라고요. 그저 그 애가 뭘

6장 침묵을 깨고 목소리를 내다

으면 대답해 주고, 너를 원치 않아서 입양 보낸 것은 아니라고 말해 주고 싶을 뿐이에요.

5. 여성의 목소리

지난 20년 동안 페미니즘 운동은 여성들이 자신의 삶을 인식하는 방식에 뚜렷한 영향을 미쳤다. 이는 여성이 페미니스트를 자처하는지 아닌지, 또는 그들 삶의 가시적인 변화를 가져왔는지 어떤 이득을 얻었는지와는 무관하다. 원하든 원하지 않든 여성들의 의식은 발전했으며 사회에서의 불평등한 위치에 대해 더 잘 인식하게 되었다. 미디어나 텔레비전에서 여성을 묘사하는 방식에도 비슷한 변화가 생겼다. 이제 여성들은 법적, 경제적으로 열등한 지위가 개인적이고 성적인 관계에도 똑같이 반영됨을 분명히 인식한다. 여성들은 폭력을 심각한 사회적 문제로 규정하고, 강간 및 아내 폭행과 같은 행동을 설명하는 기존의 심리학 이론이 불충분하다는 것에 주목했다.

이렇게 변화하는 분위기 속에서 미혼모들 역시 다른 여성들과 마찬가지로 자신의 삶을 재평가하기 시작했다. 사람들은 미혼모가 출산한 일도 아기를 입양 보낸 일도 모두 잊을 것이라고 확신했지만 이는 사실이 아님이 드러났다. 미혼모의 상실감은 시간이 지나도 사라지지 않았다. 게다가 가족과의 관계도 나빠졌는데 특히 어머니와의 관계가 나빠졌다. 많은 미혼모들이 가장 절박했을 때 도와주지 않은 어머니에게 분노를 느꼈다.

아기를 포기하는 결정을 내리던 순간을 돌아보며 미혼모는 자신을 그렇게 몰아간 어떤 거부할 수 없는 압력이 있었던 것 같다고 했다. 그리고 그 사실에 더 분노를 느꼈다. 하지만 온전히 자신의 결정이 아니었다는 생각에 죄책감은 덜 수 있었다. 그런데 누구나 알다시피 과거 '범죄'처럼 취급되었던 혼외 임신이 더는 큰 사건이 아닌 시대가 되었다.

　미혼모 문제는 페미니스트 사이에서 '대의'가 되지 못했다. 그 방대한 수에도 불구하고 그들의 경험은 개인적이고 비공개인 상태로 남아 있다. 그들은 집단으로서 정체성을 확보하지 못했고, 개인으로서도 주목받지 못했다. 입양으로 아기를 잃은 사건은 거의 수면 아래 가려져 있다. 예를 들어 25년 전 아들을 입양 보낸 메리앤은 15년간 가까이 지낸 친구에게도 말하지 않았다. 그런데 어느 날 친구가 자신에게 예전에 아기를 입양 보낸 일이 있다고 말했을 때 깜짝 놀랐다. 이 같이 각자의 경험은 공유되지 않고 개별적 사건으로 남아 있다. 페미니즘 문학이나 여성의 삶을 다루는 작품에 미혼모 이야기는 등장하지 않았다. 양육할 권리를 박탈당한 미혼모의 경험은 결혼 제도 안에서 양육과 모성을 여성 억압 기제로 보는 사람들을 혼란스럽게 하는 것 같다. 미혼모의 경험은 여성의 재생산 문제가 더 복잡한 도전에 직면해 있음을 보여 준다.

　모성을 둘러싼 쟁점은 페미니즘 논쟁에서 지뢰밭과도 같다. 이를 둘러싸고 여성들은 단결하기도 하고 분열하기도 한다. 급진적 페미니스트는 모성을 정치적 문제로 본다. 이들은 모성을 여성의 본성으로 규정하려는 생각에 저항함으로써 여성 억압에서 해방될 수 있다고 생각한다. 여성이 아기를 갖기를 원하는 것은 실은 여성이 아기를 낳아 주기를 원하는 남성의 생각에 호응하는 것임을 인식할 때 비로소 여성 해방이 시작된다고 본다. 이러한 관점은 아기를 낳은 여성과 아기의 주 양육자를 구별한다. 즉 출산한 자가 반드시 양육하는 자는 아니라고 보는 것이다.

　반면 자유주의 페미니스트는 여성은 아기를 가질 권리를 가진다고 주장한다. 이들은 어머니로서 부적격하다고 규정된 사람들의 편에서 항변한다. 미혼모는 왜 아기를 가지면 안 되나? 누가 레즈비언은 아기를 키우면 안 된다고 말하는가? 여성의 권리를 요구할 때 자유주의 페미니스트는 남성이 규정한 협소한 모성 정의를 넘어서 아기를 원하는 사람을 지지하는 것이 타당하다고 생각한다.

　모성은 여성을 분열시키기도 하지만 다른 한편으로 계급, 인종, 나이를 초월해 연대하게 하는 힘이 있다. 여성은 출산과 어머니가 되는 경험을 함께 나누고 이를 통해 시공간을 초월한 유대감을 갖는다. 하지만 적어도 최근까지는 입양으로 아기를 잃은 미혼모들이 자신들의 경험을 타인과 공유할 수 없었다. 스스로 어머니 자격이 없다고 느꼈기에 어머니로서 느끼는 일상적인 즐거움을 나누는 데 동참할 수 없었다. 이러한 분위기는 느리지만 확실히 변하기 시작했다. 비록 아기를 포기하고 입양을 보냈지만 애써 어머니가 아니라고 부정하기보다 이제는 어머니로서의 정체성을 찾고자 한다. 게다가 자신이 낳은 아기를 다른 여성에게 건네는 일상적이지 않은 경험을 한 다른 미혼모들을 만날 수 있게 되었다. 그들이 느끼는 감정의 스펙트럼은 매우 광범위하다. 자신이 정말 엄마였던 적이 있는지 의심하는가 하면 자신의 모성 경험을 상당히 고통스럽게 느끼기도 한다.

　서로 만나서 이야기를 공유하는 미혼모들에게는 연대하는 큰 힘이 생긴다. 자신들의 경험을 공유할 수 있을 뿐 아니라 오랫동안 마음속에 담아 왔던 것을 말할 수 있기 때문이다. 그들의 모성 경험은 달랐고 고통스러웠으며 단순하지 않았다. 8장에서 자세히 다루겠지만 그토록 자신의 경험을 털어놓고 싶었던 미혼모들이 마침내 서로의 이야기를 온전히 들어주는 사람들을 만날 기회를 가지게 되었다. 더구나 이들은 자신과 같은 경험을 한 아기를 잃은 미혼모였으며 이제는 어머니라는 정체성을 되찾으려 고군분투하는 사람들이다.

7장

도와주는 손길, 경청하는 귀

이번 장에서는 입양을 돕는 '전문가'의 역할을 살펴보려 한다. 살면서 겪는 대부분의 고통은 그 일을 돌이킬 수 없다는 데서 온다. 시간을 거꾸로 돌려 과거에 내린 입양 결정을 번복할 수는 없다. 고통을 어떻게 견디며 사는지 사람마다 방법은 다양하다. 하지만 슬픔, 분노, 죄책감은 억누르기보다 표출하는 것이 정신과 육체의 건강에 좋다는 사실이 더 설득력을 얻고 있다. 그리고 감정을 표출하는 사람을 비난도 책망도 하지 않고 이해하고 있는 그대로 받아들여 주는 것이 더 좋다는 것에 동의한다. 이것이 바로 상담의 핵심이다.

    이것은 비교적 새롭게 정의된 상담 개념이다. 성에 대한 사회적 태도가 더 유연해지고, '침묵'이 과연 최선인가에 대한 의문이 제기되면서 모든 인간은 자신의 고통을 이야기할 필요가 있다는 인식이 확산되기 시작했다. 일찍이 1960년대에도 이런 주장을 한 학자들이 있다. 비록 실행은 되지 않았지만 말이다. 예를 들어 1961년 도널드 고프 박사는 입양으로 아기를 잃은 미혼모가 '애도' 과정을 통과하는 것이 중요하다고 주장했다. 그는 '입양과 미혼모'를 주제로 한 학회에서 미혼모 시설에 있는 미혼모들과 정기적인 이야기를 나누었다. 그리고 그 결과를 다음과 같이 정리했다.

시설에서 만난 미혼모들은 모든 일에 있어서 자신을 탓했다.

미혼모들이 아기와 부모 그리고 사회에 대해 느끼는 죄책감을 이해할 수 있을 때 자책하는 마음에서 벗어날 수 있을 것이다. 이는 미래의 정서 발달에 매우 중요하다. 나는 입양이 미혼모들이 경험하는 딜레마와 어떤 영향 관계가 있는지 알아보고자 한다. 먼저 미혼모에 대해 다음 명제에서 시작하겠다.

1) 이들은 자신들이 초래한 상황에 대해 상당한 죄책감과 우울감을 가지고 있다. 스스로 이러한 감정에서 벗어나고자 하지만 동시에 너무 두려워서 죄책감과 우울증을 부정하고 다른 사람을 탓하는 유혹에 쉽게 빠진다.
2) 입양을 확고하게 결정했다 하더라도 마음 한구석에는 항상 아기를 키우고 싶은 마음이 있다.
3) 아기와의 이별은 큰 정서적 어려움으로 이어진다.
4) 아기와 헤어진 후 상실을 애도할 수 있는 도움이 필요하다.
5) 옳은 행동에도 잘못된 동기가 있을 수 있다. 우리는 그들이 올바른 동기를 가지고 올바른 일을 할 수 있도록 도와야 한다. (Gough, 1971)

이중 상실을 애도하는 데 도움이 필요하다는 데 주목한 네 번째 항목이 가장 눈에 띈다. 고프가 학회에 참석했을 1960년대에는 아기를 입양 보낸 미혼모를 돕는 전문적인 상담 서비스와 같은 것은 없었다. 모든 기관이 그렇지는 않았겠지만, 당시 상실을 애도하도록 도움을 주는 것은 결코 통상적 관행이 아니었다. 1966년에 아이리스 구데이커는 『입양 정책과 실천』이라는 연구 보고서를 출간했는데, 비록 입양에 관련된 당사자인 친생모는 연구에 포함되지 않았지만 결론 부분은 우리에게 중요한 메시지를 준다.

허스트 위원회Hurst Committee[1]는 다음과 같이 권고했다. "아동이 부모로부터 불필요하게 분리되지 않도록 보호해야 한다." 아울러 "친생 부모는 서둘러 아동 포기를 결정하거나, 불안한 상태에서 입양 여부를 결정하거나, 부적절한 방식으로 입양 보내라는 권유를 받지 않도록 보호받아야 한다." 법은 미혼모가 출산 후 입양을 결정하기까지 6주의 숙려 기간을 갖도록 하여 충분한 숙고를 한 후 결정을 하도록 그들의 결정권을 보호해야 한다.

그러나 숙려 기간 동안 전문 상담가와 아이에 대한 계획을 의논할 기회가 없다면 보호 장치가 갖는 의미는 감소할 것이다. 아기를 입양 보낸 친생모와의 인터뷰는 이루어지지 않았지만, 기록과 그 밖의 자료에 따르면 입양 외 다른 대안을 숙고할 기회는 미혼모에게 거의 주어지지 않았던 것 같다. 어떤 경우에는 입양 대신 양육을 고려할 만큼 충분한 지원이 있었는지 의심스러웠다. 특히 가족의 도움을 받지 못하거나 가족의 도움을 받기를 원하지 않는 경우 입양 외 다른 선택 가능성은 없어 보였다. 있다 하더라도 입양으로 아기가 얻을 이익에 비해 그다지 매력적이지 않았을 것이다. 실질적인 대안, 도움을 주는 역량 있는 사람들, 그리고 시기적절한 지원이 있어야만

---

[1] 영국의 입양 관련 법률과 관행을 검토하고 수정하기 위해 1950년대 초 설립되었다. 위원회 이름은 위원장 호레스 허스트 판사의 성을 따랐다. 이 위원회는 입양을 사적 문제로 보던 기존 시각에서 벗어나 아동의 권리와 복지를 중심에 둔 공적이고 전문적인 제도로 전환시키는 데 중요한 기여를 한 것으로 평가받는다. 1958년 입양법 개정에 많은 영향을 끼쳤다.

미혼모는 신중한 결정을 할 수 있다.

이러한 언급을 보았을 때 당시 출산 전후 미혼모에게 적절한 서비스가 제공되지 않았음은 명백해 보인다. 따라서 이들의 욕구가 지속적으로 무시되고, 전혀 충족되지 않았던 것은 이상한 일이 아니다.

1. 도움의 골든 타임

그러나 입양 후 서비스가 필요하다 하더라도 실행하기에 어려운 점이 있다. 그것은 사회복지사나 기타 관계자들과 접했던 고통스러웠던 시간을 빨리 잊고 싶어 하는 미혼모들이 이들과의 접촉을 꺼린다는 점이다. 1971년 연구에서 레이너는 다음과 같이 말했다.

> 두 번째 인터뷰 때 사회복지사와 연락을 유지하고 있던 미혼모는 7명뿐이었다. 이들은 모두 양육 미혼모들이었다. 입양을 보낸 미혼모는 사회복지사를 보면 가장 고통스러웠던 순간이 떠오르기 때문에 연락이 끊어진 것을 다행으로 여겼다. 하지만 인터뷰한 사람들은 이들에게는 추가적인 사례 관리와 상담이 필요하다고 보았다. (…) 새로운 기관이나 사회복지사와 관계 맺기가 미혼모들에게 얼마나 어려운 일인지도 너무도 분명했다. 이들은 입양 담당자가 아기에게만 관심이 있고 자신들에게는 관심이 없다고 느끼는 경우가 많았다. 긍정적 평가를 받은 입양 기관은 임신 기간부터 시작해 입양처를 정하고, 서류에 서명하고, 법원에서 입양 절차가 마무리될 때

까지 지원과 도움을 준 곳이었다. (Raynor, 1971)

사회복지사와 맺는 긴밀한 관계는 미혼모가 아기를 잃은 후의 삶에 적응하는 데 매우 중요하다. 입양 전문가나 사회복지사의 지원을 받으면서 자신에게 일어난 일을 말할 수 있었던 미혼모는 그 이후의 삶을 잘 헤쳐 나갔다. 그러나 이런 도움을 받은 미혼모는 매우 소수였고 있다 하더라도 가족이나 친구와 같은 비공식적 네트워크를 통한 것이었다. 또한 사회복지 또는 의료 분야의 전문가들이 아기를 잃은 미혼모가 겪는 트라우마의 심각성을 알고 있었다는 증거는 거의 찾을 수 없다. 전문가들의 이해 부족으로 과거 아기를 잃은 미혼모들은 그들에게 필요한 서비스를 제공받지 못했다.

2. 입양 사후 지원 센터의 등장

최근에는 '입양 삼자 모델' 중 소외되었던 미혼모에 대한 관심이 점차 고조되면서 입양 후 서비스의 필요성이 대두되고 있다. 1986년 런던에 입양 사후 지원 센터가 처음으로 설립되었다. 입양 후 상담과 가족 상담을 제공했는데 서비스 대상에는 미혼모도 포함되었다. 처음에는 담당자도 어떤 서비스가 필요한지, 어느 정도 수요가 있을지 거의 감을 잡지 못했다. 센터에 대한 홍보가 시작되자 곧 '입양 삼자 모델'을 구성하는 사람들로부터 문의가 들어왔다. 특히 아기를 포기하고 입양 보낸 미혼모 상담을 통해 점차 그들의 감정과 욕구가 분명하게 나타나기 시작했다. 그들은 "아무한테도 얘기한 적이 없어요"라고 전화기 너머로 숨이 막히는 듯한 목소리로 말한다. 그리고 "제가 도중에 갑자기 전화를 끊으면, 아들이 들어온 거예요. 걘 아무것도 모르거든요"라고 하거나 "다른 여자들도 이렇게 심한 죄책감을 느끼나요? 이십 년이 지났는데도요?"라고 묻기도 한다. 센터의 상담원들이 가장 먼저 포착한 것은 미혼모들이 느끼고 있는 고립감이었다.

한 미혼모는 이렇게 말했다.

결혼 전에 남편에게 아기를 낳고 입양 보낸 사실이 있다고 말했지만 그 이후로는 한 번도 그 이야기를 한 적이 없어요. 남편 외에는 아무에게도 말한 적이 없고요. 물론 부모님은 알고 있지만 그 일을 입 밖으로 꺼내고 싶어 하지 않으셨어요.

또 어떤 이는 이렇게 말했다.

저는 결혼을 안 했어요. 사람들은 당연히 제게 아기가 없을 거라고 생각하죠. 하지만 입양 보낸 아기가 있어요. 이 일을 절대로 아무에게도 말할 수 없었어요.

거의 모든 미혼모가 슬픔, 우울증, 분노, 무엇보다도 죄책감을 감추기 위해 얼마나 애썼는지 이야기했다. 그리고 같은 처지의 여성들에게 상담이나 모임을 제공한다는 공지를 보는 것만으로도 엄청난 안도감을 느꼈다. 이것은 그들에게도 감정과 욕구가 있음을, 그리고 그들의 존재를 인정해 주는 누군가가 있다는 것을 의미하기 때문이다. 영국에서 입양 수치가 최고조에 달했던 1950년대와 1960년대에는 혼외 출산에 대한 낙인은 매우 심했고 "모든 것을 비밀에 부치는" 태도가 널리 퍼져 있었다.

스위너튼Swinnerton에 의하면, "영국인들에게 존경은 너무나 중요한 것이다. 따라서 누군가로부터 존경을 받지 못하게 된다는 것은 육체적 고문과 같은 가혹한 형벌"(Bridges, 1956: 재인용)이다.

입양 보낸 미혼모에 대한 상담은 거의 이루어지지 않았다. 있다고 해도 잘못을 뉘우치도록 하거나 더 나은 행실을 하라는 훈계에 치우친 나머지 아기를 잃은 미혼모가 감정의 짐을 내려놓거나 참고 있던 고통과 슬픔을 나눌 기회를 갖지는 못했다. 입양 기관은 입양 보낸 후 미혼모가 '정상적인 삶으로 돌아가는 계획'을 세우도록 도우려 했다. 하지만 자신의 감정을 표현할 기회를 제공받았던 사람은 없었다. 그리고 대부분은 그런 기회를 제공받을 자격이 있다고 생각하지 않았다. 대부분의 입양 기관은 이들이 도움이 필요하면 다시 찾아올 것이라고 말했지만 실제로 다시 입양 기관을 찾은 미혼모는 없었다. 충격과 상처, 죄책감에 대부분의 미혼모는 부모와 사회의 기대에 부응하려 노력했다. 그리고 아무 일도 없었다는 듯 '모든 것을 잊고' 삶을 이어 나가려고 애썼다. 하지만 그 과정에서 어떤 고통을 감내했는지 알려진 바는 없다. 이제야 상당수의 미혼모가 목소리를 내기 시작했다. 그리고 우리는 마음속 비밀을 짊어지고 살았던 그들의 고통에 대해 알게 되었다.

미혼모를 상담하는 상담사는 마음속에 비밀을 가지고 있는 것 자체가 힘들다는 것을 알아야 한다. 아기 상실은 평생 지속되는 상처인데 거기에 말하지 못할 수치심과 죄책감까지 겹쳤다는 사실도 알아야 한다. 이러한 이유로 미혼모는 입양 사후 지원 센터를 찾거나 다른 곳에서 상담받기를 상당히 주저한다. 아예 상담을 받지 않는 경우도 많을 것으로 추정된다. 어떤 미혼모는 전화로 사소하고 간단한 정보를 물으며 상담사의 반응과 태도를 살펴보고 나서야 내면의 감정을 보여 준다.

이렇게 첫걸음을 뗀 미혼모는 자신의 이야기를 하며 무한한 안도감을 느낀다. 상담사에게든 미혼모 자조 모임에서든 온전한 자신의 느낌으로 자기 이야기를 하는 것이 이들에게는 처음일 것이다. 이 자체가 치유다. 일어난 일에 대한 순서와 논리를 부여하는 것, 자신만의 관점과 방식으로 표현하는 것, 오랜 시간이 흐른 후에 그것을 뒤돌아보는 것, 무엇보다도 이 모든 것이 경청되고 수용된다는 것에 큰 안도감을 느끼게 되고, 심지어 치유되는 것이다. 미혼모들은 이야기를 하고, 눈물을 흘리고, 감정을 풀어낸다. 이야기를 듣고 이해해 주는 사람들이 있다는 것, 그리고 판단하거나 '마음을 굳건히 해라'라는 등의 충고를 하지 않는 상담사가 있다는 것을 알기 때문이다. 한 미혼모는 말했다.

모든 것이 잘될 거라고 말하지 않는 사람과 이야기해서 좋았어요.

이들은 과거는 돌이킬 수 없고 잃어버린 아기를 데려올 수 없다는 것을 알고 있다. 그러나 적어도 아무 일도 없었던 것처럼 지내며 느꼈던 고통과 자신에게 중요한 일부를 잃어버렸는데도 사람들로부터 인정받지 못한다는 스트레스에서 벗어날 수 있다. 그리고 이런 고통을 겪는 것이 혼자만이 아니라는 사실을 알게 된 것도 도움이 되었다. 제인은 한 모임에서 이렇게 말했다.

마침내 내가 엄마였고 현재도 엄마라는 사실을 인정할 수 있게 되었어요. 내 아이는 빼앗아 갔지만 그 사실은 빼앗아 갈 수 없어요.

친생모와 상담사에게 있어 난제 중 하나는 관련된 감정이 복잡하고 광범위하다는 것이다. 슬픔, 분노, 비통함, 원망, 수치심, 후회, 사랑과 미움이 마음속 깊이 자리하고 있으며, 대개 죄책감이 이 모두를 아우른다. 일부 감정은 그 자체로 죄책감을 불러일으키기도 한다. 특히 그 당시 아기를 키우도록 지지하지 않았던 부모에 대해 분노를 느낀다. 그러면서도 부모를 미워하는 것이 편하지만은 않기 때문에 죄책감을 느끼며 분노의 감정을 다시 억압한다. 죄책감을 안고 살아가기란 쉽지 않다. 누군가에게 용서받는다면 아픈 감정들은 점차 완화될 수 있다. 하지만 미혼모는 아기를 보낸 자기 자신을 용서하지 못한다. 따라서 상처는 아물지 않는다.

미혼모의 대다수는 아기가 어른이 되어서 찾아와 주길 바란다. 만나서 모든 것을 설명하고 "용서받고 싶다"고 말한다. 미혼모들은 자녀가 자라면서 자신을 비난할 것이라는 두려움을 실제로 가지고 있다. 이런 두려움을 가지고 수년을 지내기란 매우 어려운 노릇이다. 부모의 강요를 순순히 받아들여 아기를 떠나보낸 자신을 용서하지 못하기도 한다. 현재의 성숙함과 안정감에서 그때를 돌아보면 압력에 굴복한 자신을 이해할 수 없고 심지어 경멸스럽다는 생각까지 든다. 그리고 부모나 사회에 맞서지 않았던 자신을 원망한다. 당시에는 현실적으로 그럴 수 없었지만 말이다.

이러한 모든 감정에 가장 도움이 되는 것은 감정을 표현하도록 격려하고 그대로 인정하는 것이다. 모든 상담이 그러하듯 안심시키는 것은 별 의미가 없다. 기운을 내라거나 그럴 수밖에 없었다는 말을 듣고 '기분 좋게' 치유되는 것이 아니다. 이해와 관심을 받고 받아들여질 때, 그리고 고통이 부정당하거나 무시되지 않고 인정받을 때 비로소 치유되는 것이다. 일단 말로 표현하고 스스로 이해가 되면 상처가 무엇이든 그것과 함께 편안하게 살기 시작한다. 상처는 한번에 사라지지 않으며 실제로 완전히 없어지지 않을 수도 있다. 자녀를 잃은 슬픔은 극복할 수 없다. 팔다리를 잃었을 때보다 더 힘들다. 하지만 어떤 이는 더 나빠진 상태로, 반면 어떤 이는 좀 더 나아진 상태로 살게 된다.

3. 로즈메리의 이야기

로즈메리는 수년 동안 자신의 모든 감정을 억눌러 왔던 어머니의 전형이다. 처음에는 고통은 숨기고 매우 조심스럽게 문의했다. 미혼모 모임 홍보를 접한 후 참여하겠다는 생각은 없었지만 입양 사후 지원 센터에 전화를 걸었다. 대상은 누구인지, 무엇을 하는 모임인지 물었다. 그리고 나서야 조금씩 자기 이야기를 꺼내며, 17년 전에 아기를 입양 보냈고 그 사실을 처음 털어놓는 것이라고 말했다. 상담사는 로즈메리에게 몇 가지 질문을 했다. 지나치게 사적이지 않은 질문을 하면서도 충분히 공감하고 있음을 알리기 위해 노력했다. 그런 다음 상담사는 로즈메리에게 어려운 이야기를 했으니 센터에 와서 오랜 시간 비밀을 간직한 채 살아가는 것이 어떤 느낌이었는지 함께 이야기를 나누면 어떨지 제안했다. 상담사는 다른 미혼모들이 했던 이야기도 들려주며 서로 비슷한 점이 있다고 말해 주었다. 로즈메리는 안심하며 센터 방문에 동의했다. 그리고 며칠 후 방문하기로 하고 대화는 마무리되었다.

　약속한 날 센터를 방문한 로즈메리는 긴장한 듯 보였고 수줍어했다. 의자 끝에 살짝 걸쳐 앉아 불안하게 커피를 조금씩 마셨다. 이런 상황이 낯설고 편하지는 않다며 아기와 헤어질 때 사회복지사를 본 이후 처음 사회복지사와 만나는 거라고 했다. 다른 미혼모들과 만났던 경험을 생각하며 상담사는 로즈메리가 지금 어떤 기분일지 짐작해 보았다. 그리고 수년 전 어떤 일이 있었는지 조심스럽게 물었다. 로즈메리는 이야기에 집중하면서 점차 긴장을 풀고 의자 깊숙이 편안하게 앉았다. 이야기하면서 자신의 감정을 몸짓으로 표현하기도 했다. 고통스러운 부분을 이야기할 때는 많이 긴장했으며 실제 아기와 이별하는 장면을 묘사할 때는 눈물을 흘렸다. 처음에는 참으려고 했지만 울어도 괜찮고, 매우 자연스러운 것이라는 상담사의 말에 울음을 터뜨리고 몇 분 동안 흐느꼈다. 울고 나서는 미안하다고 했다. 상담사는 슬픈 감정을 가질 권리가 있다고 말해 주었다. 처음 이런 말을 들은 로즈메리는 반신반의하는 듯했다. 다른 많은 미혼모들과 마찬가지로 로즈메리 역시 자신은 가치 없는 인간이고, 자신의 감정은 중요하지 않으며, 고통을 당해도 죗값을 치르는 것이라 생각했었기 때문이다.

　로즈메리의 이야기는 슬프지만 다른 미혼모들의 이야기와 비슷했다. 열일곱 살 때 1년 정도 사귀던 같은 학교 남학생과의 사이에서 아기가 생겼다. 양쪽의 부모는 임신 소식을 듣고 경악을 금치 못했고 다시는 만나지 못하게 했다. 로즈메리는 미혼모 시설로 보내졌고 남자 친구는 그곳으로 몇 번 편지를 보냈다. 남자 친구가 결혼하고 아기를 키우자고 말해 주길 바랐지만, 아기를 포기하라는 부모의 압박은 심했고 남자 친구는 그사이 다른 여자를 만나기 시작했다. 몇 달 후 집에 돌아왔을 때 남자 친구는 이미 다른 도시에 있는 직장으로 떠난 뒤였다. 그리고 다시는 그를 보지 못했다. 로즈메리의 부모님은 아기에 대해 말도 꺼내지 못하게 했다. 딸이 무엇이 필요한지 어떤 상태인지보다 이웃이 어떻게 생각할지를 훨씬 더 중요하게 여겼다.

로즈메리는 비서 교육을 받은 후 5년 동안 일했다. 그 시절에 대한 기억은 거의 없었다. 그저 머릿속에 목적의식도 즐거움도 없는 흐릿한 잿빛 날들의 연속으로 뭉뚱그려졌다. 자신의 중요한 일부가 죽어 떨어져 나간 것 같았고, 마치 줄거리를 전혀 이해하지 못하는 연극에 단역으로 잠깐 출연한 것 같았다. 5년 후, 자신보다 약간 나이가 많은 남자를 만났고 곧 청혼을 받았다. 그때 로즈메리는 과거를 털어놓았다. 그는 "이제 다 지나간 일"이라고 말했고 이후 다시는 그 일에 대해 언급하지 않았다. 결혼 후 두 아이를 낳았고 어느 정도 행복했다. 하지만 출산 후 불안하고 격렬한 슬픔의 감정이 되살아났다. 새로 생긴 아기가 잃어버린 아기를 대체할 수 없음을 깨달았다. 심각한 산후 우울증에 시달렸으며 나머지 삶은 이유를 알 수 없는 질병과 무거운 슬픔으로 점철되었다. 남편은 인내심이 많은 사람이었지만 출산 후 잃어버린 아기를 생각하며 느낀 죄책감이나 부정적인 감정을 남편이 얼마나 이해했는지는 알 수가 없었다.

로즈메리의 이야기를 들어보면 그녀는 아기 상실의 애도 단계에 계속 머물러 있음이 분명했다. 감정을 억눌러야 했기 때문이다. 아기를 입양 보낸 이후 자신을 '나쁜 사람'으로 생각하는 자화상을 재평가할 기회가 전혀 없었다. 상담사는 로즈메리가 단계별로 자신의 감정을 더 자세히 탐구하고, 사람들과의 관계와 그들로부터의 압력으로 인해 어떤 영향을 받았는지 살펴보면서 전체 이야기를 되짚어 볼 수 있는 상담 세션을 제안했다. 상담을 통해 로즈메리는 입양 보낸 아기의 환영에 압도되지 않고 과거를 떠나 현재로 올 수 있을 것이다. 단계별로 어떤 감정이었는지 느끼고 알아차리고, 상담사는 그것을 그대로 인정하고 수용한다. 그리고 현재로 옮겨와서 지금은 어떤 생각과 감정인지 살펴보도록 이끈다. 이런 과정을 통해 과거는 온전히 그 자리로 돌아가게 되는 것이다.

로즈메리는 누군가와 이야기를 공유하는 것만으로도 이미 달라진 것 같다고 말했다. 그리고 이후 3개월 동안, 2주에 한 번씩 진행된 상담 세션에 열심히 임했다. 상담이 진행되는 동안 다른 사람이 봐도 알 수 있을 정도로 자신의 감정과 욕구를 집중적으로 들여다볼 기회에 긍정적으로 반응했다. 마지막에 로즈메리는 입양 보낸 아기에 대해 결혼 후 처음으로 남편에게 이야기를 꺼내 보기로 마음먹었다. 입양 보낸 딸이 열여덟 살이 되면 자기를 찾을지도 모르니, 그 점을 생각해서 두 자녀에게 언제 어떻게 알려야 할지 남편과 상의하는 것이 좋겠다고 생각했던 것이다.

이제는 훨씬 더 자신감이 생겼다. 일련의 세션을 통해 분노를 표현함으로써 가슴 속 "딱딱하고 단단한 공"처럼 있던 응어리는 사라졌다고 했다. 여전히 부모님을 용서하기는 어려웠지만, 그냥 내려놓고 자신을 갉아먹던 분노를 뒤로하는 것이 좋겠다고 생각했다. 이것은 앞으로 계속 나아가야 할 여정의 시작일 뿐이다. 하지만 분명한 것은 자신을 옭아매고 있던 과거의 올무에서 벗어나 현재로 돌아왔다는 것이다. 그렇다고 이제 상실을 별로 슬퍼하지 않거나 분노와 죄책감에서 마술처럼 벗어난 것은 아니다. 로즈메리는 이제 예전에 고통을 주던 감정들을 훨씬 더 적절하게 다룰 수 있게 되었다. 그리고 현재 삶과 관련된 또 다른 감정들 또한 가치 있는 것이며 부정적인 것만은 아니라는 것을 알게 되었다.

4. 입양은 종료되었으나 입양의 영향은 계속된다

어쩌면 여러분도 들었을지 모르겠다. 입양으로 아기를 상실한 미혼모의 슬픔을 더욱 감당하기 어렵게 만드는 것 중 하나는, 죽음과 달리 입양은 완성됨으로써 끝나는 사건이 아니라는 점이다. 한 미혼모는 이렇게 말했다.

> 아기는 없는데 시신도 없고, 장례식도 그 어떤 의례나 의식도 없더라고요. 아기를 안고 사무실에 들어갔는데, 나올 때는 혼자였어요. 그리고 끝이었죠.

미혼모들은 아기를 입양으로 떠나보내고 각자 학교로 직장으로 다시 돌아갔다. 마치 잠시 아파서 쉬었다 온 것처럼 각자의 자리로 돌아갔다. 아무도 무슨 일이 있었는지 몰랐다. 그러기에 아픔을 공감해 주는 사람도 없었다. 상실에 대한 애도는 은밀하게 이루어졌다. 다시는 아기를 볼 희망이 없기에 가족을 잃고 남겨진 유족이 된 것 같았다.

1975년 아동법은 입양된 아동이 성인이 되면 출생 증명서 원본을 받을 권리를 인정했다. 이로써 입양으로 상실한 아기는 성장 후 친생모를 찾을 가능성이 훨씬 더 커졌다. 많은 미혼모들에게 이것은 기쁜 희망의 소식이었다. 하지만 어떤 이들에게는 두려움과 공포를 안겨 주었다. 특히 오래전 미혼 임신과 출산을 부끄럽게 여기던 시대에 살았고 남편에게조차 말하지 못했던, 이제는 중장년이 된 미혼모들에게는 더 두려운 일이었다. 이 법의 도입으로 영구적 이별이었던 입양은 그렇지 않을 수도 있게 되었다. 만약 18년, 20년, 심지어 30년 전에 떠나보낸 아기가 다시 나타날 수도 있다는 사실을 안다면 어떻게 슬퍼해야 할까? 누군가는 이를 반길 것이고 누군가는 그렇지 않을 것이다. 어떤 미혼모는 영원한 작별 인사를 하지 않아도 된다는 의미로 받아들일 것이다. 비록 수년 후가 되겠지만 그때까지만의 '안녕'이길 바라면서 말이다. 또 어떤 미혼모에게는 계속 불안해하며 사는 삶을 의미할 것이다.

이러한 상황에 놓인 미혼모를 돕기 위한 가장 중요한 과제는 그들이 현재 경험하는 문제에 집중하도록 하는 것이다. 그러기 위해서는 로즈메리의 경우처럼 과거로 돌아가 뒤죽박죽으로 엉킨 감정을 마주하고 하나씩 풀어 나가야 한다. 일어난 모든 일을 부정하거나 그 중요성을 축소해서는 안 되지만, 고통은 과거의 것이고 사람은 어떻게든 현재를 살아야 한다. 현재 그녀에게는 남편이 있거나 출산한 자녀들이 있을 수 있고, 직장 또는 연로한 부모님이 있을 수도 있다. 어떤 환경에 누구와 있든 그 안에서 자신이 역할을 잘하지 못하고 있다고 느낄 수도 있고, 자신의 일부를 부정하거나 죄책감과 상실감에 시달리고 있을 수도 있다.

이러한 파괴적인 감정을 끌어내 그것이 어디에서 비롯되어 삶에 어떤 영향을 미치고 있는지 이해하고, 다른 방식으로 행동할 수 있는지 살펴보도록 도움받는 것이 필요하다. 변화가 가능한 것과 불가능한 것을 가려내고, 가능한 변화를 달성할 방법을 모색하는 것이 중요하다. 누군가에게 자신의 이야기를 털어놓는 것, 누군가와 마주하고 자신의 감정을 이야기하는 것이 당장은 어려워 보이지만 그것이 변화를 가져올 수 있다.

아기 상실에서 한 걸음 떨어져 그것을 바라보아야 한다. 어느 정도 과거를 흘려보내고 현재에 집중하는 것이 중요하다. 로즈메리는 마치 텔레비전 모니터를 보듯 여학생이던 자신을 보았다. 아기와 헤어지는 자신을 보았고 겁먹고 외롭고 죄책감에 휩싸였던 어린 내가 그 먼 길을 걸어 나와 이렇게 어른이 되었음을 깨달았다. 모든 것을 한 발짝 떨어져서 바라보고 일어났던 일을 타인에게 설명하는 것은, 현재와 과거 사이에 필요한 거리를 확보해 입양 결정 당시 선택의 여지가 거의 없었음을 깨닫도록 도왔다. 로즈메리는 출산 당시의 감정을 뒤로하고 이제는 현재 감정을 더 솔직하게 바라볼 수 있게 되었다고 말했다.

미혼모에게 필요한 또 다른 작업은 자신의 강점을 재평가하고, 어떻게 그 시간을 견디고 지금까지 살아왔는지 살펴보도록 돕는 것이다. 이것은 흔히 말하는 '긍정적인 면을 보자'라거나 '좋았던 때를 생각하자'와는 다르다. 그보다 고통을 이겨 내기 위해 자신의 내면에서 끌어낼 것이 무엇인지 찾아서 이를 인식하도록 하는 것이다. 어떤 사람들은 그럴 만한 것이 없어 삶이 엉망이라고 말한다. 하지만 그렇지 않다. 대부분의 사람은 자신의 강점을 통해 삶을 이어 나간다. 살고 싶지 않은 시기를 통과해 살아낸 것도 그들이 가지고 있는 강점 덕분에 가능한 일이었다. 그들은 실제 삶을 의미 있게 할 많은 자질을 가지고 있다. 가령 다른 사람들에게 베푸는 것, 자녀를 키우는 것과 같은 자질 말이다. 단지 자존감이 너무 낮아서 그것을 인식하지 못했을 뿐이다. 상담사의 자질은 정서적으로, 영적으로, 지적으로 인간이 계속 성장할 수 있다는 믿음과, 사람들이 아무리 상처받았더라도 자신의 삶을 스스로 책임질 수 있다는 믿음을 갖는 데 있다. 고통에 머물러 있기를 선택한 사람은 그 누구도 치유할 수 없다. 그러나 좋은 상담사나 치료사는 내담자가 자신의 삶을 재구축하고, 고통을 떠나 그것을 통제하게 해 줄 도구와 통찰을 제공한다.

5. 상실감 속에 방치되었던 수천 명의 미혼모, 그들의 욕구는 무엇인가

따라서 입양으로 아기를 상실한 미혼모의 욕구는 완전히 새로운 시각으로 바라볼 필요가 있다. 입양으로 인한 분리는 입양인, 입양 부모, 또한 미혼모에게 평생 영향을 끼친다는 사실을 알아야 한다. 출산 전과 출산 후, 선택과 선택에 따른 결과를 상담사와 함께 검토해야 할 뿐만 아니라, 미혼모는 자신의 결정이 장기적으로 어떤 영향을 가져오는지에 대비해야 한다. 또한 선택의 결과를 받아들이고 살아갈 수 있도록 도움을 받아야 한다.

물론 아기를 입양으로 잃은 미혼모에 관해서는 이미 많은 것이 알려져 있다. 하지만 아기를 입양 보내고 한참 세월이 지난 뒤 입양 보냈던 아이와 재회한 미혼모들에 대해서는 잘 알지 못한다. 기관에서 도움을 주었지만 대부분 미혼모가 아기와 분리되는 초기 단계에만 지원을 제공했다. 아기를 입양 보낸 직후는 충격이 크기 때문에 아무 생각을 할 수 없다. 상실의 고통, 슬픔, 죄책감, 그리고 삶을 재건하기 위한 도움의 필요성을 느끼기 시작하는 것은 어느 정도 충격에서 벗어난 시점에 비로소 시작된다. 그러나 너무 늦었다. 기관과의 연락은 끊어졌고, 다시 연락을 취하기에는 번거롭고, 설명을 다시 해야 하는 것도 엄두가 나지 않는다.

기관에 연락하는 것이 좋을지 하지 않는 것이 좋을지 마음은 양가적이었다. 이들에게 사회복지사는 입양 부모에게 보낼 아기 확보와 아기의 장래에 더 관심이 있는 것 같았고 아기를 출산한 생모에게는 관심이 없는 사람들로 기억된다. 또 입양 기관 이름이나 위치를 기억하지 못하는 경우도 많다. 대부분 안 좋았던 때의 기억을 완전히 지워 버리기 때문이다. 이들은 과거를 묘사할 때 '좀비'라든가 '꿈'과 같은 단어를 많이 사용한다. 아니면 트라우마로 인해 어떤 말도 하지 못하기도 했다.

미혼모를 돕는 기관에서는 이러한 사실을 잘 알아야 한다. 입양 직후뿐 아니라 그 이후에도 미혼모와 계속 연락을 유지할 방법을 찾아야 한다. 또한 과거에 아기를 입양 보냈지만 어떤 도움도 받지 못하고 상실감 속에 방치된 수천 명의 미혼모들의 욕구가 무엇인지도 파악해야 한다. 이들은 자신들의 존재와 욕구가 마침내 인정받았음을 알아야 하며, 권리가 없을 것이라고 생각해서 지레 포기했던 요구 사항이 있다면 당당하게 요청해도 괜찮다는 것을 알아야 한다. 특히 1960년대 후반 이후 백인 가정에 아이를 입양 보낸 흑인 미혼모의 경우 더욱 그렇다. 낯선 사람에게 아기를 보내는 입양은 비백인 문화권에서 생소한 것일 수 있다. 따라서 흑인 여성들의 죄책감과 고통은 더욱 클 수 있다. 오랜 침묵과 무관심 속에 있었던 미혼모들은 목소리를 낼 권리가 있다. 자신의 경험을 이야기하고, 다른 미혼모들을 만나고, 상담사와 함께 대화할 기회를 갖는 것은 고통을 치유하는 중요한 첫걸음이다.

8장
서로 돕고, 서로의 구원이 되다

그냥 평범한 여자들이 방 한가득 앉아 있었어요. 누가 모르고 들어왔다면 '뭐 하는 사람들일까'하고 의아해했겠죠. 그런데 우리에게는 너무도 중요한 순간이었어요.

앞서 설명한 바와 같이 1986년 영국 런던에서 입양 사후 지원 센터가 처음 문을 열었다. 그리고 얼마 되지 않아 입양으로 아기를 잃은 미혼모를 위한 집단 모임을 열었다. '우리는 누구인가'Who We Were라는 이름의 이 모임은 영국에서 처음 시도된 입양 보낸 친생모를 위한 모임이었다. 8장은 이 모임의 참여를 통해 얻은 자료와 경험을 바탕으로 작성했다.

미혼모는 대부분 과거를 감추고 수치심, 낙인감, 죄책감 속에 살아왔다. 그런 그들이 처음으로 한 방에 둘러앉아 서로의 경험을 이야기하고 울고 웃었다. 보기에는 여느 모임과 같았지만, 그곳에 있는 것만으로도 큰 변화가 시작된 것 같았다.

미혼모들과 이야기를 나눌 때 입양 사후 지원 센터 상담사들은 이들이 과거를 털어놓지 못하고 고립되어 있다는 느낌을 받는다. 물론 자신과 같은 경험을 한 또 다른 여성들이 있음을 알지만, 이들은 자신만이 그렇다고 느낀다. 왜냐하면 모두 과거를 털어놓지 않기에 같은 처지의 여성을 만난 적이 없기 때문이다. 이들의 과거는 모르는 사람에게는 물론, 가까운 친구나 가족에게도 털어놓기 어려운 일이다. 그나마 센터에 찾아오는 미혼모를 통해 그들의 상황을 알 수 있지만, 센터를 찾지 않는 이들에 대해서는 전혀 알 수가 없다. 아마도 가족이나 친구, 또는 다른 누군가에게 털어놓으며 안정을 찾아가고 있을지는 모르겠다.

입양 사후 지원 센터는 입양으로 아기를 잃은 미혼모들이 누군가와 이야기를 하고 혼자가 아니라는 사실을 알도록 하는 것이 중요하다고 판단했다. 그래서 모임을 열기로 했다. 어떤 반응이 있을지, 혹시 온다면 어떤 기대를 갖고 올지 예측할 수는 없었다. 약간의 두려움과 동시에 새로운 시도를 한다는 큰 설렘도 있었다. 마침내 입양으로 아기를 잃은 경험이 있는 여성들을 위한 세 번의 만남이 열릴 것이라는 광고를 했다. 모임은 개방적이고, 실험적이며, 그들의 욕구 파악에 중점을 두었다. 결과는 놀라웠다.

우리는 (몇 개가 필요한지 몰랐지만) 가장 편안한 의자를 준비했어요. 꽃, 차와 커피, 주스를 준비했죠. 그리고 모임이 열리는 방에 서서 '과연 이 자리에 올 만큼 정말 용감한 분이 있을까', '맨 처음 도착하는 분들을 어떻게 하면 편안하게 맞을 수 있을까' 생각하고 있었어요. 대화 진행에 대해서는 미리 계획을 세웠어요. 전화나 대면 상담을 했을 때 주로 등장하는 주제를 중심으로 이야기를 진행하려 했죠.
하지만 모임이 시작된 지 5분 만에 우리는 모든 계획을 포기했어요. 참여자들이 대화를 나누는 데 우리 도움은 전혀 필요없었어요. 같은 경험을 한, 같은 심정인 누군가와 만났다는 것만으로 너무 기뻐했고, 함께 같은 공간에 있다는 것만으로도 안도하는 것 같았어요. 무슨 일이 있었는지 서로에게 숨길 필요도 없고, 어떤 감정이었는지, 어떤 세월을 살았는지 설명할 필요가 없었으니까요.

참여자들은 너나없이 이야기를 쏟아내고 감정을 분출시켰죠. 우리의 예상이 옳았고 이들이 원하는 것이 바로 이런 모임이라는 것을 우리는 확신했어요. 사실 그들의 경험을 듣는 것은 고통스러웠어요. 하지만 동시에 서로의 고통을 공유하는 일이 가능하고, 서로 도울 방법을 찾았다는 기쁨에 우리는 흥분했죠. 첫 번째 모임은 우리 모두에게 엄청난 영향을 미쳤습니다.

이 모임에 참여한 두 상담사는 참여자들이 감정적으로 만족할 뿐 아니라 집에 돌아가기 전 상처에서 회복하고 스스로 통제할 수 있는 힘을 가질 수 있도록 모임을 조금 더 구조화할 필요성을 느꼈다. 어떤 사람들은 모임을 부담스러워하기도 했다. 자신을 너무 노출하는 것에 부담을 느끼거나 감정적으로 감당하기 힘들다고 느낀 참여자는 다음 모임에는 참석하지 않기도 했다.

첫 번째 모임에는 예상 외로 많은 사람이 참여했고 시행착오도 있었다. 세 번째 모임까지 기대보다 많은 사람들이 참여했다. 이후에도 모임은 지속되었는데 9~10명에서 2~3명으로 점차 그 수는 줄었다. 하지만 소규모라서 더 친밀하고 분위기도 편했다. 참여자들은 모두 발언할 기회를 가졌다. '돌아가며 말하기' 방식으로 진행했기에 누구도 듣고만 있지는 않았고 모두 주어진 시간 안에 마음속 이야기를 자유롭게 했다. 참여자들이 공유하는 이야기 중 어떤 주제에 대해서는 다음 모임에서 더 집중적으로 이야기를 나누었다. 4회째 모임을 했을 때 동일 주제가 계속 등장한다는 사실을 발견하고 이를 참조해 모임의 목적을 세우고 프로그램을 재구성했다.

1. 집단 모임에서 나온 주제들

1) 입양 경험과 관련된 슬픔, 상실, 분노, 죄책감
2) 아기 포기와 입양이 이후의 가족과 대인관계, 성, 사랑, 연애, 건강에 미친 영향
3) 입양 보낸 아기가 잘 자라고 있는지, 어떻게 지내고 있는지 알고 싶은 강렬한 욕구
4) 성인이 된 아이가 자신을 찾지 않을까 하는 기대와 찾아보고 싶은 욕구

물론 이렇게 명확하게 구별할 수 있는 것은 아니지만 이 주제들은 이야기의 중심을 이루었다. 집단 모임의 구성원에 따라 각 주제가 갖는 상대적 중요성은 달랐다. 나이가 많은 미혼모는 성인이 된 자녀가 행여 찾아 주지 않을까 기대하거나 직접 찾아보고 싶어 했다. 반면 상대적으로 젊은 미혼모는 아기를 떠나보낸 고통, 도움은 주지 않고 딸과 손주를 염려하는 것보다 이웃사람들의 눈을 더 신경 썼던 부모에 대한 분노와 상처에 대해 더 많은 이야기를 하고자 했다. 주변 사람 누구도 자신을 중요하게 여기지 않았으며, 자아 존중감도 거의 없는 상태였다고 입을 모았다. 이러한 사실을 인정하는 것은 고통스러웠지만 참석한 미혼모들은 서로 공감하며 다독였다. 집단 모임의 긍정적 측면이 돋보이는 순간이었다.

집단 모임을 통한 상호 작용은 서로에게 이익이 될 것이라는 상담사들의 예측이 옳았음이 증명되었다. 서로 이야기를 주고받고, 공감하고, 감정과 생각을 공유하는 집단 모임은 참여자들에게 매우 소중한 경험이 되었다. 모임 리더인 상담사와 구성원은 서로가 한 이야기를 다시 진술함으로써 화자가 자신이 한 말을 다른 관점에서 볼 수 있도록 도왔다. 혼자서 이해하고 받아들이려 애썼지만 잘 되지 않던 일들이 여러 사람의 눈을 통해 보면 잘 이해가 되고 쉽게 받아들여졌다. 이러한 과정을 통해 참여자들은 자신을 다시 정의할 수 있게 되었다.

간혹 리더는 참여자에게 어떤 도움을 주어야 할지 모르는 순간에 맞닥트리기도 했다. 어떤 참여자는 자신에게 몰두한 나머지 너무 많은 이야기를 했고, 어떤 참여자는 다른 사람들이 공감하기 힘든 이야기를 하기도 했다. 하지만 결국 모든 과정은 특정한 사건에 대한 관점을 갖거나 스스로를 이해하는 데 도움이 되었다. 종종 매우 괴로워하는 참여자도 있었지만 아무도 비난하지 않고 이해해 줄 뿐 아니라 안아 주고 위로해 주리라는 것을 잘 알고 있었기에 충분히 괴로워할 수 있었다. 그들은 누구도 경험하지 못한 방식으로 서로의 고통을 공유했다. 모임을 통해 친밀한 우정이 형성되었고, 많은 경우 공식 모임이 끝난 후에도 참여자들은 계속 만남을 이어 갔다.

또한 이 모임은 개별적으로 완전히 고립되어 있던 여성들에게 집단적인 목소리를 주었다. 나의 문제는 '우리'의 문제이고, 내가 말하는 것은 다른 미혼모들을 위해 말하는 것임을 알게 했다. 어떤 사람들은 더 나아가 교육적이거나 정치적인 영역에 참여해 입양 삼자 중 그간 침묵하고 있던 미혼모의 감정과 경험 그리고 관점을 표출하기 시작했다.

1) 미혼모의 삶을 관통하는 슬픔, 상실, 분노, 죄책감

예상한 바와 같이 슬픔, 상실, 분노, 죄책감은 미혼모들의 서사를 관통하는 주제였으며 다양한 방식으로 표출되었다. 이 주제가 나올 때마다 참여자들은 입양으로 아기를 잃은 슬픔과 사망으로 아기를 잃은 슬픔을 비교했다. 이들은 이 두 개의 사건이 어떤 면에서 같고 어떤 면에서 다른지 이야기했다. 참여자들은 사망으로 아기를 잃은 경우와 달리 입양으로 아기를 잃은 미혼모는 어떠한 이해도 공감도 받지 못하고 상실을 애도할 수 없음을 어려움으로 지적했다. 게다가 '아기는 사라졌으나 죽지는 않은' 혼란스러운 상태에 있다는 점도 이들이 경험하는 어려움이 갖는 특징이었다.

한 모임에서는 상실에 대한 사회적 태도가 달라졌다는 점에 큰 관심을 가졌다. 가령 제1차 세계대전 당시 미망인이나 폭력 피해자들의 고통은 대중적으로 인정받지 못했다. 하지만 벨기에 지브뤼게 항에서 일어난 페리 전복 사건(1987)이나 포클랜드 전쟁(1982) 이후 대중은 유족에게 애도를 표했으며 정부도 상담을 포함한 많은 지원을 제공했다.

한편 정도는 달랐지만 입양으로 아기를 잃은 미혼모들은 모두 분노감을 가지고 있었다. 반대로 우울감을 느끼는 경우도 있었다. 분노의 대상은 '체면'을 무엇보다 최우선으로 생각했던 부모, 이젠 아무렇지 않은 일이 된 혼전 임신과 출산을 이유로 자신들에게 혹독했던 사회, 그리고 아기와 엄마를 영원히 떼어놓고 그들에게 아무 관심이 없던 입양 시스템이었다. 특히 입양 지침에 따라 자신들을 사무적으로 대했던 사회복지사들에게 분노했다. 일부 예외는 있지만 대부분 당시 사회복지사들에 대한 불만을 이야기를 했다. 집단 모임을 이끄는 사회복지사들은

불편함을 느꼈지만 항변하지는 않았다. 단지 이제는 도움이 필요한 사람을 좀 더 잘 보살피려 하는 방향으로 사회복지가 변화하고 있다는 사실을 알렸다.

참여자들은 다른 사람도 똑같이 분노를 느끼고 있음을 알자 자신의 분노가 비정상이 아니었음을 깨닫고 안도감을 느꼈다. 때때로 미혼모였던 자신들과 달리 아기에게 많은 것을 줄 수 있었던 입양 부모에 대해, 그리고 자신의 품에서 아기를 빼앗아 간 사회복지사에 대한 깊은 증오를 표현했다. 참여자들은 모두 그 말에 공감하며 증오가 개인적 성향 때문이 아니라 자신들에게 벌어진 사건 때문이란 것을 알게 되었다.

흥미로운 것은 아기 아버지인 남자 친구에 대한 분노의 정도가 크게 달랐다는 것이다. 일부는 아기 아빠에 대해 매우 분개했다. 남자는 어떤 대가를 치르지도 않고 '자유의 몸'이 되었지만, 미혼 임산부가 된 여자는 신체적으로도 심적으로도 무거운 짐을 혼자 짊어져야 했기 때문이다. 하지만 어떤 경우는 아기 아빠를 감쌌다. 아기 아빠가 이미 가정이 있는 남자인 경우에는 그의 신분을 감춰 주려 했고, 소극적이었던 그의 태도를 이해하려 했다. 일부는 여전히 아기 아빠와 연락을 하고 있거나, 적어도 연락처를 가지고 있어서 훗날 자녀가 성장해 아빠를 찾으려 할 때 도움을 주려면 줄 수 있는 상황이었다.

가장 파괴적인 것은 내면을 향한 분노였다. 대부분 자신을 탓하며 자신에게 분노했다. 혹자는 분노에서 계속 벗어나지 못했다. 자책감은 자괴감과 절망으로 바뀌기도 했다. 우울증이 그들을 괴롭혔고 삶에 큰 타격을 입혔다. 일정 기간이 지나면 사라지는 통상적인 산후 우울증과 달리 사라지지 않는 우울증으로 힘들어하는 경우도 있었다. 집단 모임이 어떤 이들에게는 치유의 시작이 되었고, 깊은 낙담에서 벗어날 수 있다는 깨달음을 주었다. 몇몇 사람들은 개인적으로 더 도움을 받기 위해 상담이나 또 다른 치료 프로그램을 찾았다.

참여자들은 지난 경험과 살아온 세월을 이야기할 때 다양한 감정을 표출했다. 그중 공통적인 감정은 죄책감이었다. 이들은 두 가지 면에서 죄책감을 느꼈다. 첫째는 아기를 키울 수 없는 상황에서 임신했다는 것, 둘째는 '아기를 버렸다'는 것이다. 이러한 죄책감에서 완전히 벗어날 수는 없었지만, 집단 모임을 통해 참여자들은 자신의 내면을 드러낼 수 있었고, 자신과 유사한 경험을 한 또 다른 사람들이 있음을 알게 되었으며, 완전한 이해와 위로를 받을 수 있었다. 그리고 다른 사람은 죄책감에 어떻게 대처하는지, 어떤 방식으로 과거의 고통을 견디고 삶을 이어 가는지도 확인할 수 있었다.

2) 미혼모 삶 전체에 영향을 미친 입양이라는 사건

두 번째 주제는 아기 입양 경험이 미혼모의 삶에 미치는 영향이다. 첫 번째 유형은 입양 이후 다시 임신하지 않은 경우다. 이들은 자신의 삶에 유일했던 아기와 헤어지는 아픔을 안고 살아야만 했다. 두 번째는 더 이상 임신하지 않기로 결정한 경우다. 이들은 '나쁜 부모'가 되는 것이 자신이 운명일지 모른다는 생각과 다시 출산하면 첫째 아기처럼 또 키우지 못하는 일이 생길지 모른다는 걱정에 이런 결정을 내렸다. 마지막으로 결혼도 했고 여러 명의 아기를 출산한 경우다. 대부분 이 유형에 속했지만, 이들은 출산의 기쁨을 온전히 느낄 수 없었다. 왜냐하면 출산 때마다 잃어버린 아기가 언제나 떠올라 고통스러웠기 때문이다. 종종 자신의 과거를 모르는 사람들로부터 첫 출산을 축하한다는 인사를 받으면 마치 출산 경험이 없는 것처럼 행동했다. 사람들이 당연히 출산 경험이 없을 것으로 생각하는 것도 힘들었지만 반대로 의사나 간호사가 두 번째 출산임을 공개적으로 밝혀서 곤혹스러웠던 경우도 있었다.

집단 모임에 참석한 미혼모들은 유사한 경험을 한 사람들과 이런 이야기를 나누며 혼자가 아니라는 생각에 안도했다. 이야기 도중 기가 막힌 나머지 고통 속에서 웃음을 터뜨리기도 했다. 특히 미혼모 시설에서의 경험을 말할 때 그랬다. 그들은 어떻게 '비행 소녀'나 '타락한 여자'를 수용하는 시설을 만들 수 있었는지 어이없어했고, 그런 곳에 수용되어 존중이나 배려라고는 없는 대우를 받으며 지냈다는 사실이 기막혀 웃었다. 아마도 자신에게 일어난 일을 돌아보고 실소를 터뜨리는 일은 이들에게 처음 있는 일이었을 것이다. 그런데 여기에는 분명히 치유 효과가 있었다.

참여자들은 입양의 영향이 이후의 대인관계, 결혼, 성생활 그리고 출산과 자녀와의 관계에 걸쳐 일생 계속되었다는 점을 강조했다. 이전 아기의 존재는 이후의 결혼 생활에 그림자를 드리웠다. 결혼해서 아기를 아무리 더 낳아도 이전에 입양으로 잃어버린 아기를 대체하지 못했다. 하지만 아무 일도 없었다는 듯, 그 아기의 존재는 잊은 듯이 살았다. 그리고 현재 결혼을 통해 이룬 가정 생활에 만족하는 모습을 보이며 살았다. 결혼 후 자녀를 가졌을 때의 또 다른 어려움은 잃어버린 아기에 대해 밝힐 것이냐, 밝힌다면 언제 어떻게 밝힐 것이냐였다. 참여자들은 이 점에 대해 집중적인 토론을 했으나 결론을 얻기가 쉽지 않았다. 어떤 미혼모는 자녀가 청소년기에 이르렀을 때 이야기를 해 주었다. 하지만 대부분은 아예 하지 않았다. 이들은 언제가 가장 좋은 때인지, 이야기했을 때 자녀들이 어떻게 받아들일지, 엄마의 탈선 사실을 알리고도 자녀를 바르게 자라도록 교육할 수 있을지 우려했다. 또 혹시 말하면 자신들도 '버려지지' 않을까 두려워할지도 모르고, 생판 모르는 형제자매가 있다는 사실에 화를 낼지도 모른다고 생각했다. 실제 한 미혼모는 자녀가 다섯 살일 때 우연히 이야기하게 되었는데, 이후 아이가 돌아다니며 자신에게 형이 있다는 말을 해서 엄마를 당황스럽게 만들기도 했다.

참여자 중 대다수는 입양된 아기가 성장해서 자신을 찾아올지 모른다고 생각했다. 그리고 혹시 있을 그 일이 발생하기 전 자녀들에게 미리 알리는 게 좋을 것 같다고 여겼다. 그러나 아이들이 어느 정도 클 때까지 기다리기도 했지만 막상 그때가 되면 오래전 이야기를 새삼 어떻게 꺼내야 할지 어려워했다. 과거에 대해 더는 이야기하지 않았기에 남편에게도 오래전 이야기를 새삼스럽게 꺼내는 것이 되었다. 따라서 결혼 이후에도 남편과 계속 아기 상실에 관해 이야기해 왔거나, 오랫동안 그 문제를 어떻게 풀어나갈지 노력해 왔던 미혼모들은 이런 문제를 걱정하지 않아도 된다는 점에서 다행스러워했다. 참여자들은 이 문제에 대해 더 도움이 필요한 사람들을 위해 서로 조언과 지원을 제공하기 위한 포럼을 열었다.

부모와의 관계도 많이 거론되었다. 참여자 대부분은 부모의 지지를 받지 못했다. 자신들에게 아기를 입양 보내기 전까지 집에 돌아올 생각은 하지 말라고 했다. 대부분 집 말고는 갈 곳이 없는 어린 나이였기에 부모의 말을 듣지 않을 수 없었다. 결과적으로 부모와의 관계는 틀어졌고 다시 회복되지 않은 경우도 많았다. 왜냐하면 부모는 딸이 아기를 입양 보내고 집에 돌아오면 아무 일도 없었던 것처럼 행동할 것을 강요했기에 부모 앞에서는 감정을 숨기고 거짓으로 행동해야 했기 때문이다. 어떤 참여자는 절대 부모를 용서할 수 없다고 했고, 대다수는 피상적인 관계만을 유지하며 지낸다고 했다. 딸에게 공감하며 도움을 준 부모도 있었겠지만, 참여자 중에 그런 부모를 둔 사람은 드물었다. 아마도 어려움을 경험한 사람들이 주로 모인 모임의 특성이었을 것 같다.

결혼을 통해 얻은 자녀에 대한 감정과 태도에 관한 이야기도 나왔다. 어떤 참여자는 생각보다 아기와 애착 관계를 형성하는 것이 어려웠다고 했다. 특히 입양으로 아기를 잃은 뒤 바로 출산한 아기와의 관계에서 애착을 형성하기가 어려웠다. 또 어떤 참여자는 혹시 질병이나 사고로 아기를 잃을까 봐 걱정한 나머지 아기를 과보호했다. 대다수는 최선을 다해 과거 자신에게 붙었던 '자격이 없는 부모'라는 낙인에서 벗어나 아기를 잘 키울 수 있음을 증명하기 위해 노력했다. 어떤 참여자들은 입양으로 잃어버린 아기에게 주지 못했던 사랑을 기억하며 자녀들의 요구라면 거절하지 못하고 들어주었다. 여러 세션의 모임이 진행되는 동안 나눈 수많은 이야기를 통해 참여자들은 부모 됨이란 무엇인가에 대해 서로를 통해 많은 것을 배울 수 있었다. 이후 아기를 낳지 않은 참여자들은 아기를 가진 사람들의 입장을 이해하기가 쉽지 않았다. 하지만 결혼을 하고 아기를 낳는다고 입양으로 아기를 잃은 슬픔이 상쇄되는 것은 아니고, 오히려 또 다른 문제에 봉착할 수 있음을 확인하는 계기가 되기도 했다.

3) 떨쳐버릴 수 없는 잃어버린 아기에 대한 생각
세 번째 주제는 잃어버린 아기에 대한 생각과 염려였다. 모든 미혼모는 입양된 아기가 어떻게 자라는지 아무 소식도 들을 수 없는 현실을 견디기 힘들어했다. 몇 명은 입양 보낼 당시에 아기 사진이나 소식을 전해 주겠다는 약속도 받았으나 실제 그런 일은 일어나지 않았다. 가장 흔하게 들은 말은 "우리도 그 애가 살았는지 죽었는지 몰라요"라는 것이었다. 참여자들은 아기가 만약 죽었으면 알려주는지 물었다. 돌아온 대답은 "아니오"였다. 기관은 그런 업무를 하는 곳이 아니며, 특별한 이유 없이 친생모와 연락하던 문제를 일으킬 수 있기 때문이라고 했다.

이런 대답을 들으면 입양 과정 전반에 걸쳐 친생모가 인간으로서 대우받지 못하는 느낌을 받게 된다. 아기 확보에만 집중하고 정작 아기를 낳은 엄마는 소외시키는 이러한 입양 시스템은 미혼모들만이 아니라 집단 모임을 이끄는 사회복지사들에게도 비인간적으로 보였다. 이 경험은 사회복지사로서도 입양 시스템을 다시 성찰하는 계기가 되었다.

많은 미혼모들이 아기가 혹시 큰 재난을 당해 사망했거나 고통 속에 있지는 않을지 걱정하기도 했다. 예컨대 어떤 미혼모는 청년기에 접어들었을 아들이 힐스보로 경기장에 가지는 않았을까 걱정하며 괴로워했다.[1] 또는 교통 사고로 인한 사망 기사를 보면 사망자 나이가 입양으로 잃어버린 아기의 나이와 같은지 확인해 보기도 했다. 이런 상상 자체도 끔찍했지만 사실 여부를 확인할 수 없다는 것이 더 견디기 힘들었다. 잘 알려져 있듯이, 상상 속에 경험하는 끔찍함은 현실에서 직면하는 것보다 더 고통스러운 법이다.

---

1   1989년 4월 15일 영국 셰필드의 힐스보로 경기장에서 일어난 압사 사건. 이 사건으로 96명의 리버풀 팬이 사망했다.

자녀가 혼혈인 경우 (참여자 중 일부는 흑인과의 사이에서 아기를 낳았다) 아기의 인종 문제를 걱정했다. 아기들은 대부분 백인 부모에게 입양되었기 때문에 흑인 혼혈 아기가 백인 가정에서 자라면서 인종 차별로 고통받고 있지는 않을지 염려했다. 아기가 흑인의 혈통을 인정받고 존중받는지, 아니면 백인처럼 키워지는지 궁금해했다. 다른 피부색이라는 이유로 과거 그들의 부모가 아기를 손주로 받아들이지 않으려 했기 때문에 미혼모가 느낀 부모에 대한 분노, 고통 그리고 아기에 대한 죄책감은 더 컸다. 따라서 이들은 아기를 입양한 백인 가정은 인종에 대한 편견에서 얼마나 자유로운지 궁금해했다.

아울러 어떤 입양 부모가 아기를 기르고 있는지 알 수 없어 많이 답답해했다. 일반적으로 입양을 원하는 가정에서는 불임 사실을 증명해야 했기에 어떤 참여자는 입양모의 불임이 부부 관계나 자녀 양육에 어떤 영향을 끼쳤을지 다양한 추측을 했다. 객관적으로 입양모는 모든 테스트를 통과하고 금장 인장을 받은 미덕의 귀감들이었다. 하지만 불임이었다고 하니 적어도 자신들은 임신을 하고 아기를 낳을 수 있는 사람들이었다는 사실에 씁쓸한 위안을 느끼기도 했다.

입양 부모는 바람직하고 올바른 사람들로 여겨졌고 미혼모는 비난받았다. 미혼모들이 모든 심사를 통과한 입양 부모도 사실 평범한 인간일 뿐이라는 사실을 깨닫기까지는 오랜 시간이 걸렸다. 아기의 행복을 위해 모든 것을 포기하고 떠나보냈는데 어쩌면 그다지 이상적인 환경에서 자라지 못했을 수도 있다는 생각은 전혀 하지 못했다. 하지만 그럴 수도 있다는 가능성을 이야기할 때 어떤 참여자들은 매우 불안해했다. 그리고 부정적인 생각을 빨리 떨쳐 버리고자 했다. 그래야 견딜 수 있을 테니 말이다.

미혼모들은 아기가 양부모가 있는 가정에서 자라게 될 뿐 아니라 안정과 행복도 누리게 될 것이라는 거의 동화와 같은 이야기를 믿고 아기를 포기했다. 하지만 어쩌면 그렇지 않을 수 있다는 생각에 힘들어했다. 입양 가정의 부부가 이혼했거나, 죽었거나, 가세가 기울어 궁핍하게 자랐을지 모른다는 생각 역시 이들을 힘들게 했다.

4) 만약 성인이 된 자녀가 친생 부모를 찾는다면

자녀의 성장 과정을 지나치게 낭만적으로 생각하지 않는 것이 중요한 것처럼 성인이 된 자녀와의 재회 가능성을 이야기할 때도 이 점을 기억해야 한다. 나이 든 참여자들의 경우 실제 자녀가 찾아오기도 했다. 소규모 모임을 가졌을 때 입양 보낸 자녀와 재회한 여성이 한 명 있었다. 그녀는 자신의 경험을 나누고 싶었으나 자신의 이야기가 재회를 아직 경험하지 못한 사람들에게 지나치게 희망을 주거나 아니면 지레 낙담하게 하지 않을지 걱정했다.

몇몇 참여자가 직접 방법을 알아내 입양 보낸 자녀를 만났다고 하자 모두 큰 관심을 보였다. 어떤 이들은 부러워했고 어떤 이들은 혹시 입양 가족의 사생활을 방해하는 것이 아닐지 걱정했다. 또 다른 참여자들은 찾을 권리가 입양 보낸 자녀에게 있으므로 찾을지 말지는 그들이 결정할 일이라고 말하고 자신은 자녀가 찾아 주기를 기다리겠다고 덧붙였다. 대다수가 일반 등기소General Register Office, 입양 기관, 입양인과 부모 상담을 위한 전국 기구NORCAP: National Organization for the Counselling of Adoptees and Parents에 정보를 등록하고 자녀 찾기 도움을 받을 수 있다는 사실을 모르고 있었다.

　입양 보낸 아동을 찾는 법적, 도덕적 '권리'에 대해서는 상당한 논쟁이 있었다. 하지만 입양인이 출생 증명서 원본에 접근할 수 있는 법적 권리가 보장되는 18세에 이를 때까지 기다리는 것이 적절해 보인다는 데 대체로 동의했다. 반면, 친생 부모에게 입양 가족에 대한 정보 접근권이 없다는 사실은 매우 불공평하다는 불만도 나왔다. 어느 날 친생모가 들이닥쳐 모든 사람의 삶을 불편하게 만들거나 아이를 빼앗아 갈지 모른다고 말하는 사람들에 대해서도 분노했다. 미혼모는 시간이 지나도 여전히 아기를 낳았던 그 순간처럼 미숙하고 무책임한 사람으로 치부되고, 입양인이나 입양 부모는 출생 증명 원본을 보고 어떤 정보를 알게 되어도 성숙하게 대처하는 사람들이라고 가정하기 때문에 입양 정보 접근권에 대한 불공평함이 있는 것이 아니겠냐는 의견도 있었다.

　이런 생각들은 결국 미혼모와 입양 관련 기관 사이의 관계도 변화시켰다. 어떤 미혼모들은 아기를 입양 보냈던 기관이나 관련 사회복지 부서를 찾아가 아기를 데려간 입양 가정이나 아기의 근황을 알 수 있는 정보를 달라고 요청했다. 하지만 관계 기관 담당자는 미혼모들에게 의심의 눈길을 보내거나 적대시했다. 물론 예외도 있었다. 한 미혼모는 8년 전 아기를 입양 보내고 난 뒤 슬픔에 빠져 지냈다. 재능 있고 무엇이든 잘하는 여성이었는데 아기를 보내고 난 후 아무 일도 할 수 없었고 할 자신도 잃었다. 하지만 집단 모임에 참여한 후 용기를 갖게 되어 입양 기관에 편지를 썼다. 그리고 아기가 걱정되니 안심할 수 있도록 어떤 정보라도 달라고 부탁했다.

　다음 모임에 그녀는 크게 기뻐하며 나타났다. 입양 기관으로부터 답장을 받았는데 거기에는 비식별 입양 정보[2]가 있었고 그것을 보고 안심할 수 있었다고 했다. 담당자는 아이가 학교생활을 잘하고 있다고 알려 주며 좋아하는 활동과 재능을 보이는 부분에 대해서도 알려 주었다. 그리고 재능은 아마 친생부모에게 물려받은 것 같다고 말해 주었다. 이 편지를 받고 참여자는 아이가 더 이상 자신에게 속한 존재가 아님을 깨달았다. 이제 아이는 입양 가족의 일부가 되어 행복하게 지내고 있는 것처럼 보여 상심은 더 깊어지지 않았다. 비로소 참여자는 자신의 삶과 욕구를 들여다볼 힘을 얻었다. 그리하여 그간 꿈꾸고 있던 해외 취업 자리를 찾게 되었다. 참여자들은 이것을 긍정적인 사례라고 생각했다. 이를 통해 모임을 이끌었던 사회복지사는 입양 이후 아기에 대한 정보를 친생모에게 제공하는 것이 그들의 삶에 중요한 의미가 있음을 알게 되었다. 이 정보가 없었다면 그 여성은 결코 자신과 화해할 수 없었을 것이다. 미혼모에게 아이 성장에 관한 정보를 제공하면 분명히 많은 경우 안심할 것이며, 아이를 찾으려는 절박한 심정도 완화될 것이다.

입양 보낸 아이와 연락이 닿은 참여자들은 다양한 감정을 경험했다. 몇몇은 여전히 행복감에 젖어 있었다. 어떤 경우는 너무 가까워져서 지나친 친밀감으로 발전될 위험도 있어 보였다. 안정되고 편안한 관계로 발전된 경우가 있는가 하면 큰 우울감에 빠진 경우도 있었다. 입양 보낸 자녀가 호기심에 연락은

---

2 입양 관련 정보는 식별identifying과 비식별non-identifying로 구별된다. 식별 입양 정보는 입양 아동의 생물학적 부모 또는 형제자매의 이름과 생물학적 부모의 최근 주소를 포함하고, 비식별 입양 정보는 태어난 곳, 시간, 건강 상태 등 입양 아동에 관한 모든 상세한 정보를 포함한다.

했으나 관계를 이어 가는 데 진지하게 노력하지 않거나, 계속 연락을 하고자 했으나 자녀 쪽에서 적극적이지 않아 깊이 상처 받고 상심하기도 했다. 집단 모임에서 나눈 다양한 이야기들은 향후 입양 보낸 자녀와 연결될지 모르는 참여자들에게 소중한 정보가 되었다.

참여자들은 성장한 자녀와 만났을 때 공통점이 별로 없을까 봐 가장 두려워했다. 계층도 다르고 태도나 서로에 대한 기대 등이 다를 수 있기 때문이다. 그런데 정작 느끼는 가장 큰 두려움은 자녀가 만남을 거절할지 모른다는 것이다. 이것은 다시 한 번 엄마로서 자격이 없다는 선고를 받는 것과 마찬가지이므로 큰 충격이 된다. 대부분의 참여자들은 자녀와 재회해서 당시 있었던 일을 설명하고 그렇게밖에 할 수 없었던 사정을 알리고 싶어 했다. 그리고 아이가 행복하게 사는지 확인하고 싶어 했다. 어떤 참여자는 입양 부모와의 관계 설정을 어떻게 하고, 자녀에 대해서는 어떤 역할을 하는 게 좋을지 알고 싶어 했다.

참여자들이 또한 관심을 가졌던 토론 주제는 친생부 문제였다. 아빠에 대한 유일한 정보원이 친생모이기 때문에 아이들은 분명히 자신과 만나면 친생부에 대해 물을 것이다. 그러면 말해 주어야 할지, 한다면 어느 정도까지 해야 할지, 아니면 친생부의 사생활을 지켜 줘야 할지 고민을 토로했다.

이 토론에는 참여자의 남편도 있었다. 이들은 모두 자신의 아내가 과거 아기를 가졌고 입양 보낸 사실을 알고 있었다. 하지만 관련해 아내와 논의한 적은 없었다. 입양 보낸 아기가 어느 날 찾아올지 모른다는 사실을 남편에게 먼저 이야기해야 할까, 아니면 입양 보낸 자녀가 찾아올 때까지 말하지 말아야 할까. 만약 자녀가 찾아온다면 함께 만나야 할까 아닐까. 어떤 남편들은 아내가 이 모임에 참여하도록 적극 지지하고 용기를 북돋아 주었다. 하지만 어떤 남편들은 거론된 주제에 대해 논의하는 것을 많이 불편해하며 아내가 알아서 할 일이라고 했다. 만약 실제로 입양 보낸 아들이나 딸이 나타난다면 자연스럽게 대처하기는 당연히 어려울 것이다. 하지만 적어도 집단 모임에 참여하고, 여러 가능성에 관한 토론에 참여한 미혼모들은 다양한 아이디어를 생각할 기회가 있었기에 조금 더 잘 대처할 수 있을 것이다. 또한 집단 모임에서 만난 다른 미혼모들이나 센터 상담사들에게 필요하다면 도움을 요청할 수 있다는 것도 분명히 알게 되었다는 것은 큰 성과였다.

2. 열린 입양을 희망하다

참여자들이 나눈 모든 이야기와 우려의 기저에는 핵심적 쟁점이 있다. 첫째는 '소위 '입양 삼자 모델'에서 우리의 위치는 어디이며, 아기를 낳은 사람이라는 사실 외에 우리는 정말 다른 사람에게 중요한 존재였는가'이다. 둘째는 '입양으로 아기를 잃은 미혼모에 대한 대중의 태도를 바꾸기 위해 무엇을 할 수 있을까'이다. 강요로 아기를 포기했든 그렇지 않았든 미혼모 대부분은 아기를 위해 자신이 할 수 있는 가장 큰 희생을 했음에도 불구하고 위선적인 사회에서 여전히 비난받는 상황에 몹시 분개했다. 또한 그들은 아기 포기와 입양 결정으로 평생 영향을 받고 있었으며, 전쟁 유가족이나 재난을 당한 사람들이 받는 것과 같은 전문적인 지원을 제공받기를 희망했다.

참여자들은 모든 것이 완전히 비밀에 부쳐지는 입양을 둘러싼 관행과 그로 인한 고통에서 벗어나기 위해 어떻게 하면 입양 정보를 공개하는 방향으로 전환할 수 있을지 많은 고민을 나누었다. 이들은 모두 친생모와 입양 아동이 입양 기관을 통해 정보를 교환할 수 있기를 희망했다. 강요나 의무가 아닌 누구든 원하는 한에서 말이다. 미혼모들은 특히 입양 기관이 시간이 지나면서 변화하는 친생모의 욕구와 아기를 포기한 사건을 쉽게 잊을 수 없다는 사실을 알아주기를 원했다.

집단 모임을 이끌었던 상담사들은 모임마다 강렬한 감동을 받았지만 감정과 육체가 모두 소진되는 경험도 했다. 미혼모들은 수년간 억눌려 있던 감정을 분출했고, 상담사는 프로그램 진행을 위해 냉정함을 유지해야 했기 때문이다. 프로그램 특성상 중심을 잃지 않는 집단 모임의 리더 역할은 정말 중요했다. 그들은 모임이 통제 불가능한 상태가 될 때 상황을 정리하고 모임의 목적을 잊지 않도록 도왔으며, 참여자들이 다시 안정을 찾고 프로그램에 임할 수 있도록 자신들의 역할을 했다.

집단 모임에 참여한 것은 필요한 도움을 찾아가는 여정의 시작에 불과했다. 집단 모임 이후에도 참여자들은 센터에서 개인 상담을 받거나 다른 관련 기관을 찾아 심리 치료를 받기도 했다. 치유를 위한 이러한 행보는 모임을 이끌었던 상담사들에게 매우 적절해 보였다. 만족스러운 결과를 얻기까지 상당한 개별적인 노력이 필요하기 때문이다. 그러나 같은 경험을 한 당사자들을 한자리에 모아 서로 돕고 서로의 구원이 되는 경험을 제공한 집단 모임의 엄청난 가치에 대해서는 이견이 없었다.

9장
멀고 먼 길을 돌아서

1. 재회의 경험

세상 그 누구도 이렇게 행복할 수는 없을 거 같아요!

미혼모로 아기를 입양 보냈던 조앤이 스물일곱 살이 된 아들의 연락을 받았을 때 보인 반응이다. 한편 입양인의 요청으로 입양 사후 지원 센터 상담사가 연락했을 때 어떤 미혼모는 긴장된 목소리로 이렇게 말했다.

어떻게 저를 찾았는지는 모르겠지만 다시는 연락하고 싶지 않아요. 저는 그런 이름을 가진 사람을 몰라요.

이렇게 극단적으로 다른 반응이나, 아니면 두 반응 사이 어디쯤에 위치하는 다양한 반응은 상담사 또는 입양인과 미혼모 사이에서 연결을 도와주는 사람들에게 이제는 익숙하다. 비록 부정적인 반응보다는 긍정적인 반응이 많지만 말이다. 입양 보낸 자녀와의 재회를 기대하거나 간절히 그 순간을 기다렸던 미혼모들조차 정말 연락이 닿으면 충격을 받고 감정이 소용돌이친다. 어떤 이는 이때 느낀 감정의 폭과 강도가 과거 아기와 헤어질 때 느낀 것과 똑같다고 했다. 개중에는 자신의 과거를 모르는 남편과 자녀가 알게 될까 봐 예전에 그랬던 것처럼 또다시 감정을 억눌러야 했다. 이로 인해 긴장과 혼란은 가중되었다.
잉글랜드와 웨일즈에서 친생 가족 추적이 가능해진 것은 1975년 아동법에서 18세가 된 입양인은 출생 증명서 원본을 받을 수 있는 권리를 부여하고부터다. 스코틀랜드에서는 1930년 입양법 제정 당시부터 출생 기록 원본에 대한 접근이 가능했다. 친생 부모를 찾으려면 우선 출생 기록에 접근할 수 있어야 한다. 왜냐하면 입양인은 출생 당시 이름과 친모에 대한 정보를 모르기 때문이다. 출생 기록 원본을 통해 확보한 입양 전 이름과 출생 당시의 주소, 그리고 입양을 주선한 입양 기관의 이름 등은 친부모를 찾는 데 중요한 단서가 된다. 어떤 사람들은 친부모를 찾기까지 수년이 걸린다. 절차 자체가 너무 어렵거나 한 단계를 끝내고 다음 단계로 넘어가는 사이 시간이 지체되기 때문이다. 어떤 사람들은 엄청난 에너지를 쏟아부으며 친생모를 찾을 때까지 결코 포기하지 않는다. 어떤 방식으로 접근하느냐에 따라 재회의 결과는 달라진다.

어느 날 엄마가 전화를 했어요. 티나라는 여자가 저를 찾고 있다고요. 자기 엄마와 제가 같은 학교를 다녔다면서 저를 찾아 달라고 했대요. 엄마는 제 주소는 알려 주지 않았고 대신 티나의 전화번호를 제게 알려 줬어요. 원하면 전화를 해 보라면서요. 전 직감적으로 알았죠, 티나가 입양 보낸 딸이란 것을요. 엄마도 짐작했을지는 모르겠어요. 딸을 입양 보낸 후 서로 그 이야기는 다시 한 적 없었으니까요.
견딜 수 없이 몸이 떨렸어요. 흥분과 불안으로 집 안을 계속 걸어 다녔어요. 가만히 앉아 있을 수 없었죠. 아무 생각도 안 났어요. 곧바로 집으로 찾아오지 않아 그나마 다행이었죠. 그랬다면 정말 어쩔 줄 몰랐을 거예요. 다시 마음을 차분하게 하고 엄마에게 받은 전화번호로 전화를 걸 때까지 삼일 정도가 걸렸어요. 남편에게는 말했죠. 말하지 않았다면 남편은 안절부절못하는 제가 미쳤다고 생각했을 거예요. 결혼 전에 입양 보낸 아기가 있다고 이야기했지만 그 이후 그 일에 대해 말한 적은 없었거든요.

아이들에게는 말하지 않았어요. 뭐라고 말해야 좋을지는 캐서린을 만나고 난 뒤 생각해 보자고 남편과 이야기했어요. 캐서린은 제가 지어 준 이름이에요. 제 딸은 제게 여전히 티나가 아니라 캐서린이죠.

도로시는 완전히 다른 경험을 했다. 입양 보낸 딸 마리로부터 걸려 온 전화를 직접 받았다. 전화기 너머로 "당신이 우리 엄마인 것 같아요"라는 말을 듣고 큰 충격을 받았다. 그러나 곧 정신을 차리고 만나러 와도 좋다고 말했다. 도로시는 결혼하지 않고 독신으로 남아 있었기에 적어도 남편이나 자녀로 인한 문제는 없었다. 마리가 찾아왔다. 그리고 입양 부모로부터 따뜻한 지지와 사랑을 받지 못했고 불행한 삶을 살았다고 했다.

도로시는 심한 죄책감을 느꼈고 마음이 무거웠다. 몇 번의 만남을 가진 뒤 마리는 도로시와 살고 싶다고 했다. 같이 사는 것이 어떨지 몰랐지만 죄책감 때문에 거절할 수 없었다. 하지만 둘의 관계는 잘 풀리지 않았다. 어찌할 바를 몰라 상담사를 찾았다. 도로시는 상담사에게 도움이 필요한 사람은 마리인 거 같다고 이야기했다. 상담 과정을 거치며 도로시는 만약 마리가 자신을 만나고 싶어 한다는 사실을 먼저 알았더라면, 그리고 딸이 어떤 환경에서 자랐다는 것을 알고 만남에 대비할 수 있었다면 모든 것이 달라지지 않았을까 생각하게 되었다.

    입양인 존은 상담사를 통해 친생모에게 연락했다. 입양 부모가 돌아가시기를 기다렸다가 연락을 했기에 시간은 많이 지나 있었고 그때 친생모의 나이는 68세였다. 친생모의 친구가 대신 상담사에게 전화를 했다. 그리고 "친구가 편지를 받고 매우 괴로워했으며 답장을 하고 싶어 하지 않아요"라고 전했다. 상담사가 생각하기에 친구는 사정을 잘 모르는 것 같았기에 조심스럽게 "어떤 내용이든, 가령 건강한지, 잘 지내고 있는지 정도만 알려 주어도 큰 의미가 있을 것 같으니 괜찮으면 연락을 달라"고 부탁했다. 그리고 다른 연락을 별도로 하지는 않았다.

    그로부터 몇 달이 지났다. 존의 생일이 얼마 지나지 않았을 때 친생모는 상담사에게 전화를 했다. 그리고 "누가 자신을 찾는지 알고 있다고, 그런데 답을 할 수 없어 너무 마음이 아팠다"고 했다. "지난 50년 동안 아들을 기억에서 지우려고 노력했지만 여전히 수치심과 죄책감을 아직 떨쳐 버리지 못하고 있다"고도 했다. 아들의 편지를 받고 혼란에 빠져 입양 보냈던 아기의 얼굴과 "엄마"라고 부르는 중년 남자의 모습이 뒤엉켜 떠오른다고 했다. 그녀는 남편과 사별했고 결혼한 두 딸이 있는데 엄마의 과거는 모른다고 했다. 그리고 딸들에게 어떻게 말할지, 혹시 상처 주지 않을지 걱정했다. 아무 결정을 하지 못하고 또 다시 몇 주가 지났다. 그러고 나서야 자신이 얼마나 아들을 만나고 싶었고 무슨 일이 있었는지 말해 주고 싶었는지 깨달았다. 마침내 용기를 내어 존을 만났고, "차 한 잔하자"는 말을 듣고 찾아온 존과 네 시간이나 함께 시간을 보냈다. 이후 더 많은 만남을 가지며 서로 깊이 이해하는 관계로 발전했다. 마침내 그녀는 용기를 내어 오래전에 잃어버린 아들이 있음을 주변 사람들에게 당당하게 말했다.

　하지만 노년에 접어든 친생모들이 두려움과 걱정을 극복하기란 쉽지 않다. 따라서 이들은 입양 보낸 아들이나 딸을 절대 보지 않겠다고 거부하기도 한다. 젊은 미혼모의 경우는 거의 그렇지 않지만, 사오십 년 동안 감정을 억눌러 온 노년의 미혼모가 새로운 변화에 적응하거나 그간 살아온 삶을 뒤집어 놓을 일을 받아들이기는 쉽지 않다. 나이가 많은 미혼모일수록 남편에게 말하지 못했을 가능성이 크고, 새삼스럽게 과거를 털어놓는 일은 상상할 수도 없을 것이다. 이들 대부분은 재회를 거부하기에 입양 보낸 자녀와의 재회가 이들의 삶에 어떤 영향을 미치는지는 알 수 없다.

　심지어 입양 보낸 아들이나 딸을 만나서 너무 기뻐한 미혼모들도 처음에는 혼란을 경험한다. 오랫동안 억눌러 왔던 감정은 대부분 죄책감, 상심, 분노, 슬픔과 같은 부정적인 것이기 때문이다. 그러다 자녀가 살아 있다는 것과 실제 만날 수 있다는 사실에 곧 안도한다. 그리고 곧 신생아였던 아기가 이제 스무 살, 서른 살, 또는 마흔 살이 된 낯선 사람이며, 다른 누군가의 자녀라는 사실을 깨닫는다. 하지만 이어지는 수많은 생각에 기쁨과 두려움이 교차한다. 입양 부모는 이 사실을 알까? 어떻게 생각할까? 주변 사람은 어떻게 생각할까? 남편이나 남자 친구 또는 결혼 후 출산한 자녀나 친구들은 어떻게 받아들일까? 그리고 임신 사실을 알았을 때 누구보다 먼저 입양을 보내야 한다고 압박했던 이웃들은 입양 보낸 아들이나 딸이 돌아왔다고 한다면 뭐라고 할까. 혹시 '왜 입양 보냈냐며 화를 내지 않을까?', '얼마나 주변의 압박이 심했는지 설명하면 이해해 줄까?', '행복하지 못한 삶을 살고 있다면 어떻게 할까?'라는 생각에 한편으로는 '이제 겨우 마음을 정리하고 살고 있는데 갑자기 나타나면 어쩌란 말인가, 세상 사람들에게 이제 와 애가 있었다고 알려야 한다는 말인가'라며 분노를 표출하기도 한다.

입양 보낸 자녀가 자신을 찾고 있다는 사실을 알게 된 후 친생모는 두 개의 세계에서 사는 것 같다고 했다. 하나의 세계에서는 임신, 출산, 그리고 헤어짐의 순간 느꼈던 감정과 잃어버린 지난 세월을 슬퍼하고, 다른 하나의 세계에서는 앞으로 만나서 느끼게 될 희망에 기뻐한다. 그리고 상반된 감정을 조화시키려고 필사적으로 노력한다. 미란다는 "잠을 잘 수가 없었어요"라고 말했다. "일어나서 집 안을 돌아다녔죠. 그러다 앉아서 차한 잔을 마시기도 하고 다림질을 하기도 했는데 정신이 혼미해지곤 했어요. 혼자 있는 밤에 생각을 정리하기가 조금 더 쉬웠어요. 그런데 시간이 필요했어요. 마크가 인내심을 갖고 바로 만나자고 재촉하지 않아서 정말 다행이었어요." 미란다는 만날 준비가 될 때까지 아들 마크와 두 달 넘게 수많은 편지와 사진을 주고받았다. 마침내 만나기로 했을 때 미란다는 제3의 공간에서 만나는 것이 중요하다고 생각했다. 둘은 완전히 한적한 곳에서 만났다. 그리고 다섯 시간 동안 쉬지 않고 대화를 나눴다. 미란다는 마크가 친생부와 쏙 빼닮았다는 사실에 충격을 받았다. 그리고 과거의 자신과 현재의 자신 사이를 오가며 더욱 혼란스러운 상태에 빠졌다. 지배적인 감정은 기쁨이었다. 하지만 마음속의 '충격과 혼란'을 가라앉히는 데 오랜 시간이 걸렸다.

2. 서로에게 필요한 시간

입양 보낸 자녀와 재회하는 과정에는 사실을 받아들이고, 생각하고, 감정을 정리하는 데 시간이 필요하다. 아무리 간절히 원했거나 막연히 예상했더라도 막상 연락이 오면 충격이 크다. 그렇기 때문에 답변하거나 어떤 일을 결정하기 전에 숨돌릴 시간이 필요하다.

    질은 친생모 바버라를 찾기 시작한 지 얼마 지나지 않아 금방 소재를 파악했다. 그리고 상담사를 통해 바버라에게 편지를 보냈다. 하지만 답장이 없었다. 첫 번째 편지가 분실되었을지 모른다는 생각에 다시 편지를 보냈다. 질은 만약 자신의 존재가 방해가 된다면 찾지 않겠으니 그렇게 알려달라고만 썼다. 마침내 답장이 왔다. 연락하고 싶지 않았기 때문이 아니라 생각할 시간이 필요해서 답장이 늦어졌노라고 설명했다. 질은 바로 답장을 썼다. 하지만 또 답장이 늦어졌다. 질은 낙담했다. 하지만 이것은 연락 초기에 친생모가 보이는 흔한 반응이다. 이들이 실제 만나기까지는 1년이 걸렸다. 바버라는 질이 사랑스러웠고 잘해 주고 싶었다. 좋은 관계를 만들어 나갔지만 서두르고 싶지 않았다. 질은 이런 태도가 답답하고 의아했다.

    베로니카의 경우는 첫 번째 만남 이후 시간을 끌어 친생모의 마음을 아프게 했다. 그리고 막상 재회하고 보니 생활 방식이나 여러 면에서 다른 점이 많아 놀랐다. 그렇다고 친생모를 찾은 것을 후회하지는 않았다. 단지 새로운 사실을 발견하고 그것을 받아들이기까지 시간이 필요했기에 만남과 만남 사이에 긴 공백을 두었던 것이다. 친생모의 입장에서는 답답했기에 계속 전화를 걸고 편지를 쓰고 만나자고 했다. 하지만 베로니카의 입장에서는 친생모와 만나면 즐거웠지만 한 번의 만남도 너무 벅찬 것이어서 돌아와서는 늘 생각을 정리할 시간이 필요했다.

3. 서로 다른 기대

성장한 입양인과 친생 가족의 재회에는 위험이 잠재하고 있다. 서로의 기대가 같지 않기 때문이다. 이것은 일방 또는 양측 모두에게 말할 수 없는 스트레스를 일으키기도 한다. 하지만 미리 준비하고 대비하기란 여간 어려운 일이 아니다.

스물세 살이 된 아들은 어렵지 않게 친생모 베티를 찾았다. 그는 2년 전 결혼을 했고 딸을 낳았다. 아내는 처음부터 가족을 찾아보라고 남편을 전폭적으로 지지했고 실제로 찾는 데도 적극적으로 앞장섰다. 결혼하지 않고 독신으로 지내 온 베티는 아들이 찾아 주어 너무 기뻤다. 더구나 자신이 할머니가 되었다는 사실도 너무 기뻤다. 아들 가족이 찾아오고, 아기 옷을 만들기 위해 뜨개질을 하고, 꿈꾸던 모든 것이 일상이 되었다. 그런데 가만히 생각해 보니 언제나 연락하는 쪽은 자신이었다. 아들 내외는 좀처럼 먼저 집으로 오라는 소리를 하거나, 전화를 걸지 않았다. 물론 베티가 아들에게 전화를 하거나 아들 집을 찾아가면 예의 바르고 기쁘게 맞아 주기는 했다. 베티는 그제야 아들 가족에게는 다른 부모가 있다는 사실을 깨달았다. 그리고 그들 사이에 자신이 있을 자리는 없음을 느꼈다. 아들은 아마도 친생모에 대해 단지 궁금했을 뿐이고 며느리도 그 이상은 아니었던 것 같다는 생각이 들었다. 이제 궁금했던 것을 알았으니 만족했고 그냥 서로 알고 지내는 것 이상은 원하지 않았던 것 같다. 이런 생각이 들자 너무도 쓸쓸했다. 다시 회복한 자존감이나 삶의 행복은 완전히 사라졌다. 마음이 너무 아팠다. 과거의 상처가 다시 올라오며 예전보다 더 큰 고통을 주었다. 마치 아들을 버린 벌을 받는 것 같았다.

재닛은 반대였다. 딸 테사의 요구와 관심에 숨이 막힐 것 같았다. 테사가 재닛을 찾은 건 스무 살 때였다. 비록 지난 2년간은 조용히 지냈지만, 딸은 오랫동안 입양모와 부딪힘이 잦았다고 했다. 그래서 친생모와 지내는 것을 더 좋아했으나 도가 지나쳤다. 수시로 전화하고 연락도 없이 찾아왔다. 최근 사귄 남자 친구 이야기며 쇼핑한 것, 영화 본 것까지 끝없이 이야기했다. 처음에는 딸이 찾아 주어 너무 기뻤고 건강하게 살아 있어 준 것 또한 기뻤지만, 시간이 지나며 자신에게 너무 집착하는 딸을 감당하기 힘들었다. 그렇다고 대놓고 거절할 수는 없었다. 하지만 갈수록 자기 중심적이고 그다지 사랑스럽지 않은 젊은 여자가 자신의 삶을 침범하고 장악하는 것처럼 느꼈다. 재닛은 딸과 자연스럽게 거리를 두는 방법을 찾기 위해 고심했다. 오랫동안 꿈에 그리던 딸이 현실에서는 다르다는 사실이 슬펐다.

　　이처럼 기대와 실제가 다른 경우는 드물지 않다. 입양인도 친생모도 아무리 그러지 않으려 해도 서로에 대한 기대감을 갖지 않을 수 없다. 사전에 정보를 주고받았더라도 실제로 만나면 여전히 놀라움, 기쁨 또는 실망감을 느낄 수 있다. 사진을 교환하고 서로의 모습을 확인했을지라도 생각보다 키가 커서 또는 작아서 놀랄 수도 있고, 몇 살인지 알지만 막상 보니 나이 든 모습이라 당황할 수도 있다. 더 중요한 것은 첫 만남의 설렘이 지나고 나면 계층, 학력 또는 관심사의 차이로 인해 진정한 관계를 형성하기 어려울 수 있다는 점을 알아야 한다는 것이다.

4. 관계 만들기

생활 방식이나 배경이 다르다고 거리를 두고 불편한 관계가 될 필요는 없다. 갓프리는 중상류층 가정에 입양되어 공립 학교에 다녔고 대학을 나온 후 존경받는 직업에 종사하고 있다. 친생모를 찾았을 때 엄마는 학교 청소부로 일하고 있었다. 학교는 제대로 다니지 못했다. 하지만 두 사람에게 그런 것은 중요하지 않았다. 둘은 금세 가까워졌고, 서로를 매우 자랑스러워했으며, 둘 다 유머 감각이 있어서 만나면 유쾌했다. 정기적으로 만남을 이어 갔다. 둘은 행복해 보였고 복잡한 문제도 없어 보였다.

하지만 모든 관계가 이렇게 쉽게 발전해 가는 것은 아니다. 장기적으로 보면 상호가 만족스러운 관계로 발전할 수 있다. 그리고 양쪽 모두 만남을 위해 더 많은 준비를 할수록 성공 가능성이 커진다. 이것이 상담사나 중재자를 통한 만남이 더 선호되는 이유이기도 하다. 중재자는 각 당사자가 예상되는 상황에 대비할 수 있도록 도와줄 수 있으며, 경험이 있는 중재자라면 이전 사례를 바탕으로 두 사람이 문제를 잘 풀어갈 수 있도록 도움을 줄 수 있다. 처음 만날 때 충격을 줄이거나, 한쪽이 만남을 거절하는 상황을 막는 것만이 중요한 것이 아니다. 재회는 장기적인 작업을 요하며 그 과정에서 많은 기복이 있을 수 있다.

새로운 관계를 형성하는 초기 단계에서 일어나는 일에는 일정한 패턴이 있는 듯하지만 각기 독특하고 다양한 차이가 있을 수 있다. 그러나 초기 단계에서 대부분의 미혼모는 충격과 행복감이 혼재되는 패턴을 보인다. 대부분이 "하늘을 날아갈 듯한 기쁨"을 느낀다고 한다. 흥분, 안도감, 기쁨이 이때 느끼는 주요 감정이다. 그러나 시간이 지나면 보다 평범한 현실감이 자리 잡기 시작하고, 이 새로운 관계(그때까지 관계를 이어 갔다면)를 일상생활에 통합해야 한다는 과제가 등장한다. 이때는 기쁨으로 인한 흥분이 가라앉는 등 신체적 반응이 나타날 수 있다. 심지어 한동안 우울감에 빠질 수 있다. 잃어버린 자녀가 살아 있고 건강하다는 사실에 대한 행복감이 조금은 사라지는 시기이기도 하다. 자녀의 결점과 단점을 발견하기도 한다. 서로에게 부담감을 느낄 수 있고 서로 다른 것을 기대하기도 한다. 이때부터 바람직한 관계 정립에 대한 노력이 시작되어야 한다.

아마도 가장 큰 어려움은 이러한 관계에 대한 매뉴얼이 없다는 것이다. 즉 사회적으로 인정되는 역할 규정이나 친생모가 어떻게 행동하고 어디에 속해야 하는지에 대한 가이드 라인이 없다는 것이다. 입양인은 친생모와 입양 부모 중 어느 쪽과 더 친밀하게 지내야 하는지 갈등할 수 있다. 친생모는 어머니 역할은 원하지 않지만, 자녀와의 관계에서 어느 정도 인정과 안정적인 위치를 원할 수 있다. 하지만 그 자리는 어디일까? 어떤 친생모는 입양모와 경쟁할 생각이 없다는 점을 보여 주려고 뒤로 물러서기도 한다. 또 어떤 친생모는 '당신이 20년 또는 30년 동안 키웠으니 이제 내 차례'라고 생각한다. 입양인들은 관계를 형성한 모든 사람에게 시간을 할애하는 것만으로도 어려움을 느낄 수 있다. 가령 한 청년이 있었다. 그의 입양 부모는 이혼하고 각각 재혼했다. 그리고 원가족 찾기를 통해 만난 친생모와 친생부는 각각 다른 사람과 결혼했다. 졸지에 네 명의 엄마가 생긴 청년은 주말이나 휴일 시간을 쪼개 이들과 함께 시간을 보내느라 자기 시간은 거의 갖지 못했다.

5. 또 다른 가족들

친생모와 입양인 각각이 속한 가족 구성원의 재회에 대한 반응은 친생모와 입양인의 관계 발전에 큰 영향을 미칠 수 있다. 예를 들어 아기를 입양 보낸 후 결혼해 자녀를 낳은 친생모는 아기가 있었다는 사실을 가족에게 알리는 데 어려움을 겪는 경우가 많다. 남편에게는 말했지만 그 이후 과거에 대해 함구하는 경우가 대부분이다. 자녀에게 아예 말하지 못한 경우 역시 많다. 따라서 입양 보낸 자녀가 성장해 나타나면 누구에게, 언제, 어떻게 알려야 할지 등 넘어야 할 장애물이 많을 수밖에 없다.

마저리는 남편에게 결혼 전 아들이 있었다는 사실을 털어놓았다. 이후 가끔 아들에 대한 이야기를 나눈 적은 있었지만, 세 자녀에게는 전혀 알리지 않았다. 입양 보낸 아들 벤이 연락을 해 오자 마저리는 즉시 남편에게 말했다. 다행히 이해하고서 용기를 주었다. 부부는 자녀들에게도 알리기로 했다. 하지만 십대 자녀들이 과연 어떻게 생각할지, 비난하지는 않을지 고민하며 고통스러운 시간을 보냈다. 아이들에게 책임감 있게 행동해야 한다고 말했던 자신을 위선자라고 생각하지 않을지 염려했다. 하지만 아이 셋 모두는 이해해 주었고 엄마에게 일어난 일에 대해 속상해했다. 마저리는 다시 용기를 얻었고 기쁜 마음에 눈물을 흘렸다. '이해받지 못하면 어쩌나 걱정했다'는 말에 오히려 아이들은 화를 냈다. 그리고 한 번도 보지 못한 오빠에 대해 더 알고 싶어 했다. 그리고 '얼른 보고 싶으니 빨리 만나 보라'며 엄마를 재촉했다.

만남이 이루어지자 벤은 곧 가족의 일원으로 환영받았다. 둘째 아들과 벤이 신기하게 너무 닮아 모두 놀랐다. 초기의 만남은 모두에게 흥미진진했다. 하지만 곧 큰딸 엠마가 질투와 불만을 품고 있다는 사실을 알게 되었다. 마침내 엠마는 자신이 더 이상 형제자매 중 장녀가 아니라는 점, 자신들에게 말하지 않은 비밀을 엄마가 가지고 있었다는 점, 자기도 엄마가 알아주었으면 하는 고민이 있는데 벤에게만 온통 관심을 쏟고 있다는 점을 불평했다. 마저리는 기쁨에 취해 벤의 존재가 다른 가족 구성원들에게 어떤 영향을 미치는지 충분히 주의를 기울이지 않았다는 사실을 깨닫고 심한 죄책감을 느꼈다. 많은 이야기를 나누며 벤의 방문 간격을 정하고 관계의 균형을 회복하는 데까지는 오랜 시간이 걸렸다. 이런 과정 중에 엠마는 벤에게도 입양 가족이 있고 자신의 형제자매가 있다는 사실, 그들을 버리고 완전히 새로운 가족을 찾는 것이 아니라 단지 우정과 같은 친밀한 관계를 원한다는 사실을 알게 되었다. 벤은 입양 부모와도 좋은 관계를 유지하고 있었다. 물론 마저리는 그에게 너무도 중요한 존재였지만 엄마 역할을 해 주기를 바라는 것은 아니었다.

안타깝게도 모든 사람이 이처럼 균형을 잡으며 성숙한 관계를 맺어 가는 것은 아니다. 때로 재회는 가족 관계를 더 복잡하게 만들 수 있다. 캐런은 친생모인 마거릿의 가족과 적극적으로 관계를 맺어 나갔다. 친생모와 그 남편은 행복해하며 캐런이 가족의 일원이 된 느낌을 받도록 노력했다. 입양 부모와 잘 지내지 못했던 캐런은 외동딸로 자라며 항상 형제자매를 갈망했는데 여러 명의 형제자매가 생겨 너무 기뻐했다. 하지만 마거릿은 정작 결혼 후 낳은 자녀들의 감정에 대해서는 미처 신경을 쓰지 못했다. 그저 헤어졌던 딸을 찾았다는 사실에 기뻐했고, 그간 딸이 입양 가족과 행복하게 살지 못했다는 사실에 죄책감을 느꼈다. 그러나 점차 다른 자녀들이 캐런을 원망할 뿐만 아니라 심지어 좋아하지도 않는다는 사실을 알게 되었다. 그들은 자신의 엄마와 아빠가 캐런을 위해 쓴 돈이나 시간, 에너지, 헌신에 대해 분통을 터뜨렸다. 이 모든 일이 정리되기까지 오랜 시간이 걸렸고, 그 사이 캐런은 집을 떠났다. 이 일은 마거릿에게 큰 슬픔을 안겨 주었다.

아기를 포기한 죄책감을 안고 살아온 미혼모들은 떠나보낸 아기가 성장하여 다시 나타나면 처음에는 무엇이든 거절하기 어려워한다. 일반적으로 이들은 출산 당시보다 훨씬 더 나은 환경에 있으며, 과거에는 불가능했던 도움도 줄 수 있는 형편이 되었다. 그리고 죄책감으로 인해 다시 나타난 자녀가 거절감을 느끼지 않도록 행동을 조심했다. 그러다 감당하기 힘들어지면 입양 사후 지원 센터를 찾아 조언을 구했다. 자기 나름의 생각은 있지만 그 생각을 '승인'받거나 '허락'받고 싶었기 때문이다.

6. 서로를 원하는 강렬한 감정에 잠재된 위험

친생모가 입양 보낸 자녀와 재회를 앞두고 있을 때 서로에게 성적 매력을 느낄지도 모른다는 생각은 결코 하지 않을 것이다. 하지만 그런 일은 발생한다. 따라서 이에 대한 주의가 필요하다. 입양으로 아기를 잃은 미혼모와 입양인으로 자란 자녀는 서로를 찾는 감정이 너무 강한 나머지 무의식적으로 과거 엄마와 아기가 느꼈던 신체적 접촉을 다시 느끼고 싶어 하다가 마침내 성적인 관계에 빠져 버리기도 하는 것이다. 그 결과 친생모는 사랑, 욕망, 죄책감, 혼란스러움이 뒤섞인 폭발적인 감정 속에 휘말려 들어가기도 한다.

데버라는 열일곱 살이었을 때 앤드루를 낳았다. 열아홉 살이 된 앤드루는 친생모를 추적하여 찾았고 이때 데버라의 나이는 서른여섯 살이었다. 자그마하고 예쁜 얼굴의 데버라 앞에 큰 키의 건장한 아들이 나타났다. 데버라는 앤드루가 그의 친생부와 너무 닮아 큰 충격을 받았다. 마치 그가 다시 환생해 나타난 것 같았다. 심지어 목소리도 똑같았다. 앤드루는 신체 접촉과 포옹을 좋아했다. 감정의 강렬함에 순식간에 서로를 품에 안고 침대에 누웠다. 잘못된 일이라고 생각했지만 데버라는 앤드루에게 끌리는 자신을 멈출 수 없었다. 데버라는 괴로워했지만 앤드루는 아무렇지도 않은 듯 그 상황을 거부하지 않았다. 이들의 관계는 앤드루가 먼 곳으로 일자리를 구해 떠나면서 끝났다. 도저히 있어서는 안 될 일을 경험한 고통에서 빠져나오기 위해 데버라는 도움을 요청했다.

어떤 경우에는 강력한 성적 끌림과 감정을 통제하지 못해 폭력적이 되기도 한다. 친생모에게 집착하고 잃어버린 세월을 보상받으려는 욕구에 사로잡힌 자녀가 소유욕과 질투로 친생모를 힘들게 하고 삶을 혼란에 빠뜨린 예 역시 적지 않다. 친생모는 이런 자녀의 행동을 저지하지 못했는데, 그것은 역시 죄책감 때문이다. 두 번이나 자녀를 버릴 수 없다고 생각하는 것이다. 한 친생모는 재회한 아들과 성적인 관계에 빠져들게 되었는데, 죄책감으로 괴로워하다가 탈출구가 보이지 않자 자살했다.

7. 친생모의 사망

얼마나 많은 친생모가 비밀을 품은 채 생을 마감했는지, 죽기 전 자녀와 재회의 기쁨을 누렸는지 아니면 트라우마에서 벗어날 수 있었는지 알 수는 없다. 물론 친생모를 찾기 위해 노력하던 입양인이 친생모의 죽음을 알게 되는 것도 비통한 일이다. 사망 자체에 대한 슬픔에 친생모를 만날 기회를 잃게 된 슬픔까지 더해지기 때문이다. 어떤 입양인은 더 빨리 찾지 못한 자신에게 화를 내기도 하고, 어떤 입양인은 아무 설명 없이 떠나간 것에 배신감을 느끼기도 한다. 때로는 사람들이 자신의 상실감을 이해해 주지 않아 큰 상처를 받기도 한다. 우르술라의 친구는 "서로 모른 채 돌아가셨으니 다행이네. 모르는 사람의 죽음은 그렇게 슬프지 않잖아"라고 말했다. 아무리 생각해도 이런 친구의 말은 절대 이해할 수 없었다. 평생 자신을 낳아 준 여성을 알고 싶어 했고, 수년 동안 찾아 헤맸으며, 마침내 찾았으나 수년 전에 돌아가셨다는 사실은 그녀에게 너무 큰 충격이었다. 그런데 '모르는 사람의 죽음이라 슬프지 않다'니. 우르술라는 이제는 자신을 낳아준 부모를 알 기회가 사라졌기에 유족으로서 슬픔은 더 컸다고 했다.

친생모의 사망 후 그가 낳은 자녀, 배우자, 형제나 자매나 다른 친척을 만나서 친생 부모에 대해 알게 되는 경우도 있다. 이들과의 만남은 때로는 상실을 받아들이는 데 도움이 되기도 한다. 마틴은 친생모를 찾았지만 이미 2년 전에 암으로 사망한 상태였다. 친생모의 남편은 마틴의 좌절감과 상실감을 잘 이해하는 듯했고, 친생모의 사진을 찾아 주며 어떤 사람인지 어떻게 살았는지 이야기해 주었다. 하지만 제니퍼는 다른 경험을 했다. 친생모의 여동생인 이모에게 엄마 사진을 보여 줄 수 있는지 물었는데 이모는 거짓말쟁이나 사기꾼 취급을 하며 다시는 연락하지 말라고 했다. 혹시 다른 친척들에게 연락을 했다면 달랐을지 모르지만, 제니퍼는 이 일로 너무 화가 났고 의욕을 잃어 다른 친척을 찾아 연락해 보는 시도를 아예 포기했다.

8. 입양으로 잃어버린 아기를 찾는 미혼모의 경험

1975년 아동법에서 인정한 정보 접근 조항은 입양 관련 당사자를 동등하게 다루지 않았다는 것이 많은 사람들의 생각이다. 가령 성인이 된 입양인은 친생모의 신원을 알고 추적할 수 있도록 법이 개정됐지만, 친생모는 입양 보낸 자녀를 찾을 수 있는 동등한 권리를 인정받지 못했기 때문이다. 어떤 친생모들은 법 개정 시 자신들의 의견은 묻지 않았다며 개정된 법을 환영하지 않았다. 만약 친생 부모가 동등한 권리를 갖는 것을 반대하는 입양인이나 입양 부모가 있다면 누구의 의견에 더 무게를 실어 주어야 할까?

형평성의 문제는 남지만 어쨌든 개정법은 영원히 헤어진 아기와 재회할 가능성이 없는 암담한 현실에서 벗어나게 해 주었다. 입양 보낸 자녀나 입양 가족의 사생활을 침해하려는 친생모는 거의 없지만, 대부분은 입양 보낸 자녀가 어떻게 지내는지 간절히 알고 싶어 하며, 실제로 찾아보는 경우도 있다. 어떤 입양 기관은 친생모의 입장을 이해해 주고 입양 가족에게 연락해 보겠다며 협조했다. 단 입양 가족의 익명성을 보호한다는 조건으로 중재자를 통해서 도움을 준다. 반면 어떤 입양 기관에서는 거절하며 입양 보낸 자녀에 대한 정보를 제공할 수 없다고 한다. 이런 경우 친생모는 직접 찾아보겠다고 결심한다. 앨리슨의 경우가 그랬다.

앨리슨은 만약 입양 기관 사람이 자신을 십 대 미혼모처럼 애 취급을 하지 않고 한 명의 성인으로 대했다면, 오랜 고뇌 속에 입양 보낸 자녀의 소식을 알고 싶은 자신의 처지를 이해해 주었다면 스스로 찾겠다는 생각은 안 했을 것이라고 했다. 그리하여 앨리슨은 입양 보낸 딸을 찾기 시작했고 마침내 어디에 사는지 무슨 일을 하고 있는지 알아냈다. 무엇보다 죽지 않고 살아 잘 지내고 있어서 너무나 기뻤다. 하지만 딸에게 바로 연락하지는 않았다. 딸이 자신을 찾고 싶을 때까지 기다리기로 했다. 대신 일반 등기소, 입양 기관 그리고 입양인과 부모 상담을 위한 전국 기구NORCAP에 자신의 집 주소를 등록했다. 혹시 딸이 자신을 찾을 때 좀 더 쉽게 찾을 수 있도록 한 조치였다. NORCAP을 통해 적지 않은 재회가 성사되기도 했다.

얼마나 많은 친생 부모가 자녀를 찾았는지 알려진 바는 거의 없다. 그 수는 그리 많지 않을 것이다. 입양 보낸 자녀의 이름도 모른 채로 소재를 파악하기란 어렵다. 그리고 구체적인 정보를 가지고 있더라도 실제 행동으로 옮기기는 어렵다. 법적으로 올바른 행동이 아니라는 죄책감 때문일 수 있다. 하지만 친생모가 스스로 찾아 입양 보낸 자녀와 상봉한 사례는 많이 알려져 있다. 예상하듯 재회의 결과는 다양하다.

제니퍼는 딸을 찾았다. 하지만 딸이 화를 내며 만남을 거절해 큰 충격을 받았다. 마거릿은 딸의 따뜻한 반응에 감격해 다른 친생모들도 재회할 수 있도록 돕고 싶어 했다. 앤은 딸과 연락이 되었으나 어떻게 해야 할지 몰라 고통스러워했다. 딸은 기뻐했고 앤이 편지를 보낼 때마다 답장을 보냈다. 하지만 먼저 연락을 취한 적은 없었다. 앤은 딸이 정말 자신을 만난 것이 기쁜지 확신할 수 없었다. 오랜 죄책감은 딸에게 연락을 계속하려는 것이 옳은 일인지 의구심으로 바뀌었다.

1989년 아동법은 일반 등기소에 공식 연락처 등록부official contact register[1]를 마련할 것을 규정했다. 입양인과 친생 부모가

---

1 현재는 '입양인-친생 가족 등록부'The Adoption Contact Register라는 정부 사이트가 운영되고 있다(https://www.gov.uk/adoption-records/the-adoption-contact-register).

각각 자신의 정보와 상대를 찾고자 하는 의사를 등록부에 등록한다. 둘의 의사가 일치하면 등기소는 입양인에게 이를 통보한다. 이 조항은 1991년 5월 1일부터 시행되었다. 그러나 많은 이가 이 조항이 불완전하다고 본다. 상호 평등 원칙 하에 친생 부모도 18세가 된 입양 보낸 자녀의 정보에 접근할 수 있도록 해야 한다고 생각하기 때문이다.

9. 나가며

법이 어떻게 바뀌었든 미혼모들이 입양을 바라보는 시각에 근본적인 변화가 있었다는 데는 의심할 여지가 없다. 과거에는 헤어진 아기를 다시는 보지 못한다고 생각했지만 이제 법 개정으로 성인이 된 자녀와 다시 만날 가능성이 있다는 사실을 안다.

이에 대한 반응은 다양하다. 어떤 미혼모는 그때는 아기를 포기하고 입양을 보낼 수밖에 없었기 때문에 그냥 받아들이고 살겠다고 생각한다. 아기와의 헤어짐이 너무 고통스러웠던 미혼모는 시간이 흘러 아기가 성장한 후 자신을 찾아 재결합하게 될 날을 초조한 마음으로 기다릴 것이다. 남자를 새로 사귀거나 결혼을 계획한다면 입양 보낸 자녀와의 재회 가능성을 염두에 두고 새로운 관계를 맺어 나갈 것이다. 사생아나 입양에 대한 사회적 낙인은 많이 줄어들었고 사회적 태도도 변화했다. 친생 부모와 입양 가정 간 정보를 교환하는 개방성이 보장되고 더 나은 시스템이 만들어진다면 앞서 기술한 모든 종류의 고통스러운 경험은 훨씬 줄어들 수 있을 것이다.

10장
과거를 재구성하고, 미래를 변혁하라

1. 과거를 조각내고 재구성하기

지금까지 살펴본 바와 같이 미혼 여성의 임신과 출산 그리고 모성 경험은 생물학적 변화만이 아니라 주변의 반응에 따라 달라진다. 결혼 여부에 따라 여성의 임신과 출산은 다르게 취급된다. 한 사람에게는 혼란, 걱정, 죄책감을 느끼는 경험이 다른 사람에게는 대체로 즐거움, 행복, 성취감을 느끼는 즐거운 경험이 된다. 이것은 똑같이 임신을 했더라도 두 여성이 놓인 사회적 상황이 다르기 때문이다. 기혼 여성에게는 아기를 갖는 것이 기대되고, 반대로 미혼 여성에게는 갖지 않는 것이 기대된다. 이것이 두 여성의 경험을 완전히 다르게 만드는 것이다.

따라서 미혼 여성은 임신을 해도 출산을 해도 그 누구로부터도 축하를 받지 못한다. 게다가 양육을 하기에도 부적합하다는 평가를 받는다. 미혼 여성의 임신과 양육은 모두 잘못된 행동이다. 이런 환경 속에서 미혼모가 할 수 있는 유일한 선택은 아기를 포기하고 입양을 보낸 뒤 다시 아기가 없는 미혼의 상태로 돌아가는 것뿐이다. 사회가 받아들일 수 있는 여성으로 돌아가기 위해 아기를 잃은 아픔을 애써 감내한다. 그러나 또 다른 비난이 기다리고 있다. 아기를 포기한 엄마라는, 그리고 아기를 버린 여자라는 사람들의 수군거림이다.

다수의 태도가 적대적이고 비난적일 때 미혼모는 수치심과 죄책감을 느끼게 된다. 자존감도 급격히 떨어진다. 그리고 스스로 사회적 실패자로 여기게 된다. 여성 대부분에게 자연스럽고 가치 있는 일로 여겨지는 임신과 출산, 양육을 미혼 여성이 수행할 경우 사회의 반응은 차갑다. 이런 냉대는 이미 아기를 잃은 상처를 안고 있는 미혼모에게 또 다른 상처가 된다. 그리고 이 상처에서 좀처럼 회복되기 힘들다.

사회적 태도를 바꾸기란 쉽지 않다. 사람들은 현재 돌아가는 세상을 당연하게 여기는 경향이 있기 때문이다. 현재의 관행에 대한 공정성 문제나 누가 무엇을 어떻게 규정하는지를 사람들은 좀처럼 궁금해하지 않는다. 만약 여러분이 열일곱 살이고 학교에 다니고 있고 임신 중인데 올해가 1968년이라고 하자. 그렇다면 아기를 입양 보내는 것 외에는 달리 방법이 없다.

하지만 사회적 관행은 반드시 따라야 할 규범이 아니라는 사실을 우리는 알아야 한다. 미혼의 임신과 출산 경험에 관한 이야기는 다르게 전개될 수 있다. 결혼하지 않았거나 파트너 없는 여성이 아기를 낳는 것은 특별한 사회적 사건이 아니라 여느 임신과 출산처럼 그저 기쁜 일이 될 수 있다. 현금이나 주거 지원, 지역 사회의 지원과 따뜻한 도움도 마땅히 제공되어야 한다. 이렇게 될 때 미혼모는 아기 포기를 고려할 필요조차 없게 된다. 산모가 너무 어리거나 몸이 아파서 아기를 직접 돌볼 수 없다면 위탁 부모가 아기를 돌보거나 입양 보낼 수 있다. 그러나 완전히 익명으로 보내는 것이 아닌 방식으로 해야 한다. 이것이 '개방 입양' 옹호자들이 주장하는 내용의 핵심이다.

개방 입양이라면 미혼모는 아기와 단절되지 않아도 된다. 아기가 어떻게 지내는지도 알 수 있다. 이러한 주장의 등장은 입양 보낸 아동의 심리적 발달을 위해 무엇이 최선인지에 대한 사람들의 생각에 변화가 생겼음을 보여 준다. 이제 많은 사람들은 미혼모가 비밀 속에 있거나 만나서는 안 되는 인물로 남는 것보다 개방적이고 명확하며 무엇보다도 실제 모습으로 아동에게 공개될 때 그 아동이 정서적으로 더 원만하고 건강하게 자랄 수 있다고 믿는다. 이렇게 될 때 미혼모가 느끼는 상실감과 죄책감 역시 완화된다. 그리고 입양은 트라우마적인 사건에서 조금은 덜 고통스러운 경험으로 변할 것이다.

우리는 지금까지 미혼모가 아기를 포기하고 타인에게 보내는 개인적인 경험은 상당 부분 사회적으로 구성된다는 주장을 해 왔다. 시대와 장소에 따라 사람들은 미혼모와 그 자녀에 대해 특정한 견해를 가졌다. 미혼모가 자신의 임신과 출산을 판단하고, 어떻게 할지 결정할 때는 그 시대의 미혼 임신에 대한 생각에 영향을 받는다. 어떤 시대에는 미혼 임신과 출산이 단지 행복한 경험이었다. 엄마와 아기가 같이 살 수도 있고 따로 살 수도 있다. 하지만 따로 살아도 정기적으로 만나며 편안하게 관계를 유지한다. 어떤 시대에는 미혼 임신이 큰 사건이다. 젊은 여성은 엄마가 되기에 부적절하므로 미혼 임신에는 반드시 원인이 있을 것이라며 의심의 눈초리를 던진다. 어떤 전문가는 미혼모가 질이 나쁘거나 부도덕하거나 지능이 떨어지거나 심리적으로 문제가 있는 여성이라고 진단했다. 따라서 미혼모는 자녀의 건강한 성장을 위해 모성을 포기해야 한다고 생각했다. 이런 사회에서 미혼모는 스스로를 도덕적으로나 심리적으로 결함이 있는 사람으로 보게 된다.

각본은 달라질 수 있다. 그리고 미혼 여성의 임신과 출산은 다르게 경험될 수 있다. 하지만 오래전 죄책감과 수치심에 아기를 포기했던 수십만 명의 미혼모들에게 뒤늦게 일어난 이러한 변화는 큰 의미가 없다. 모두 과거로 돌아가 결정을 번복할 수는 없기 때문이다. 이들이 경험한 상실감과 죄책감, 분노와 절망은 바로 비난하고 처벌하던 사회적 분위기로 인해 형성된 것이다. 이들이 부정적 경험에서 벗어날 수 있는 유일한 길은 과거와 현재의 경험을 재검토하는 것이다. 과거를 돌아보며 자신의 생각, 느낌, 판단과 결정을 스스로 한 것인지, 주변 사람들의 영향을 받아 내린 것인지 살펴봄으로써 뒤엉킨 정체성과 감정의 실타래를 풀기 시작할 수 있다. 이로써 자신과 타인을 구별하고 자신을 온전히 이해하게 된다. 이렇게 되었을 때 자신에게 부여했던 의미는 달라질 수 있다.

검증은 다음과 같은 경로를 따라 진행한다. 먼저 임신과 출산을 했던 당시 자신의 생각과 느낌이 어땠는지 기억하고 알아차린다. 오랫동안 묻어 두었던 기억과 감정을 되살린다. 그리고 왜 그런 일이 일어났는지 거슬러 올라가 사건의 앞뒤 맥락을 이해한다. 당시 부모님, 친구나 전문가들이 어떤 역할을 했는지 깊이 생각해 본다. 이러한 경로를 따르면 그간 눌러 왔던 감정이 무엇이었는지 알고 그것을 표현하게 된다. 분노를 표출하기도 하고 눈물을 쏟기도 한다. 주변을 둘러보면 자신과 같은 경험을 한 여성들이 있다. 이제 그녀는 혼자가 아니라는 사실을 알게 된다.

요컨대 미혼모는 과거를 돌아보고 경험을 조각내 살펴봐야 한다. 그러면 많은 부분이 타인에 의해 만들어졌음을 깨닫게 된다. 그러면 그때부터 자신의 생각과 느낌으로 과거를 재구성할 수 있게 된다. 사회적으로 구성된 경험을 해체한 다음 자신의 관점으로 미혼모로서의 경험을 재구성하면, 자신의 인생에서 중요한 시기에 통제권을 쥐고 있던 사람은 자신이 아니라 타인이었음을 알게 된다. 그리고 삶이 악몽에 빠지게 된 것은 자초한 것이 아니라 주변 사람들의 조언 때문이었으며 그들의 힘이 더 컸기 때문이란 것도 알게 된다. 이제 미혼모는 자기 삶에 대한 통제권을 되찾고 스스로 의미를 부여하고자 한다. 나는 어떤 사람이었는지, 무엇을 했는지 생각을 정리한다. 그러면 이제 어디로 가야 하는지 결정할 수 있게 된다. 상담사와의 상담을 통해서도, 또는 입양으로 아기를 잃은 다른 미혼모들과의 만남을 통해서도 과거를 재구성할 수 있다.

2. 과거를 거울 삼아 새로 짓는 미래

미혼모가 자신의 경험에 부여하는 의미는 정책과 인식 변화로 달라질 수 있다. 입양 정책과 인식의 변화는 미혼모, 입양인, 입양 부모의 관계를 덜 배타적이고 보다 개방적인 것으로 만들 수 있다. 같은 경험을 한 다른 미혼모들을 만나고 전문 상담사에게 상담받는 것은 입양으로 아기를 상실한 미혼모가 자신과 자신의 삶에 일어난 일을 더 잘 이해하는 데 도움을 준다. 즉 일련의 사건을 자신의 탓으로 돌리기보다, 힘들고 고통스러웠던 환경에서 어쩔 수 없이 선택한 일이었음을 알게 된다. 그리고 고통, 수치심, 죄책감은 자신에게 문제가 있었기 때문이 아니라 도덕을 강요했던 타인이 만들어 낸 산물이란 것을 깨닫는다.

여성의 섹슈얼리티와 재생산은 남성의 시각에서 규정되어 온 측면이 있다. 그리고 미혼으로 임신한 여성의 행동은 '미숙'하거나 '부적절'하고, 문제가 있거나 문제를 일으킬 소지가 있다고 판단되었다. 이러한 외부적 시선과 판단은 그 여성들이 은연중에 외부의 판단 기준으로 스스로를 보도록 했다. 이것을 인식하는 것이 여성 스스로가 자신을 정의하고 자신의 삶에 의미를 부여하는 첫걸음이 된다. 이로써 자신에 대한 통제력을 어느 정도 회복할 수 있을 것이다.

이제 입양 정책과 관행은 미래를 전망하며 변화해야 한다. 과거 미혼모들의 고통이 다시 반복되어서는 안 된다. 입양으로 아기를 잃은 엄마들의 이야기에 귀를 기울임으로써 장차 아기를 가졌으나 돌볼 수 없는 여성들을 위한 보다 친절하고 인간적인 정책을 마련할 수 있을 것이다. 페미니즘의 관점은 "개인적 경험에서 정치적 통찰력"을 갖게 한다(Collins, 1986: 215). 이러한 맥락에서 아기를 잃은 어머니들의 이야기를 들어야 한다. 그럼으로써 그들의 고통스러운 과거를 이해하고 변화된 미래로 나아갈 수 있을 것이다. 아이리스는 "20년 만에 처음으로 자유롭게" 마음속 이야기를 털어놓았다. 그리고 이렇게 말했다.

> 큰 안도감을 느꼈어요. 오랫동안 생각하지 못했던 일들이 떠올랐어요. 마음 한구석으로 밀어두었던 감정들과 마주했어요. 저를 너무도 괴롭혔던 것들이죠. 그런데 이제는 큰 짐을 내려놓은 것 같아요. 수년 동안 저를 짓누르던 죄책감에서도 좀 놓여난 것 같아요.

에필로그

변화하는 영국 사회와 입양 지형의 변화

여전히 입양을 보내기 위해 아기를 포기하는 미혼의 임산부들이 있지만, 지금은 그 수가 상대적으로 적다. 첫아기 임신 연령도 꾸준히 상승해 이제 일반적으로 이십 대 중반에 이르러 임신을 경험한다. 사회적, 경제적 이유로 미혼 여성에게 가해지는 아기 포기에 대한 압박도 완화되었다.

    이 책에 소개된 미혼모들은 여전히 여성 인구의 상당 부분을 차지하지만, 다시 이렇게 많은 수가 집단적으로 등장할 가능성은 낮다. 하지만 아기를 잃는 엄마들은 여전히 존재한다. 여러 면에서 기존 세대의 미혼모와는 처한 상황이 다르다. 이들의 삶은 더 힘들고 비참할 가능성이 크다. 크게 두 부류가 있다. 서구로 아기를 입양 보내는 볼리비아와 브라질, 그리고 인도와 필리핀의 친생모들이다. 아기를 입양 보내기 전이나 입양 보낸 이후 이들의 삶에 대해 알려진 바는 거의 없다.

    또 다른 부류는 서구에서 법원에 의해 친권을 박탈당하는 엄마들이다. 아동에 대한 신체적, 성적, 정서적 학대에 대한 우려가 커짐에 따라 사회복지사는 그 어느 때보다 많은 아동을 조사하고 있다. 지방 당국은 대중의 압력에 부응해 점점 더 많은 아동을 부모로부터 분리하고, 강제로 분리된 아동 중 어머니의 의사에 반해 입양되는 비율이 점점 더 높아지고 있다. 어머니가 되기에 부적합하다며 미혼모를 향했던 도덕적 잣대가 오늘날에는 새로운 '부적합한' 어머니들에게로 이동했다. 이들은 여러 방법으로 자신들이 안전하게 양육할 능력이 있음을 보여 주려 하지만 사회복지사와 판사를 설득하는 데 실패한다. 아동에게 안전하고 영구적인 가정을 제공하기 위해 사회복지사는 법원에 아동을 입양 보낼 수 있도록 부모의 친권 박탈을 요청한다. 이 악몽과 같은 결정에 맞서 싸우다 패소하는 어머니는 스스로 아기를 포기할 수밖에 없게 되는 고통도 겪는다.

어느 정도 양육되다 분리되기에 아동의 나이는 4, 5세 이상의 연장아일 가능성이 크다. 사회복지 현장에서 연장아는 '입양이 어려운' 아동에 속한다. 하지만 입양 대상 아동이 줄어드는 현실과 사회복지사들의 노력으로 더 많은 연장 아동들이 입양 가족을 찾고 있다. 지난 십여 년 동안 연장 아동의 입양이 성공적이었다는 연구는 많이 진행되었다. 입양 아동과 입양 부모에 대해서도 많은 것이 알려져 있다. 하지만 친권이 박탈된 어머니에 대해서는 거의 알려진 바가 없다. 우리가 걱정하는 것은 아동의 미래이지 그 엄마의 미래는 아니기 때문이다.

과거 미혼모에게 그랬던 것처럼 친권이 박탈된 어머니에 대한 사회적 관심은 부재한다. 이들은 과거에 아기를 포기했던 미혼모가 경험하는 트라우마와 스트레스와는 차별화된 어려움을 경험한다. 이들은 자녀와 오랫동안 관계를 맺어 왔다. 어머니와 자녀 사이에는 공유하는 역사가 있다. 좋았건 그렇지 않았건 모자로서 관계를 맺어 왔다는 것은 부정할 수 없는 사실이다. 그런데 이 관계가 법적으로 종료되었다. 이것은 분노와 무력감을 증가시킨다. 자신의 선택이 아닌 결과를 수용하기는 힘들다.

오늘날 모성 경험은 법적 판단의 산물이다. 법이 어머니 자격을 평가한다. 과거에는 아기를 포기했기 때문에 어머니로서 실패했지만, 요즘은 어머니로서 실패했기 때문에 아기를 빼앗긴다. 이 두 여성은 사회적, 심리적으로 다르다. 요즘은 미혼모가 되어도 시설에 가지 않고, 특별히 불편하지 않은 환경에서 교육 또는 취업 준비를 하며 살던 집에서 계속 거주할 수 있다. 반면 친권을 박탈당하고 아기를 잃은 여성은 아이 아버지 또는 아이 아버지가 아닌 어떤 남성과 불안정하거나 심지어 폭력적인 관계 속에서 살고 있는 것으로 보인다. 아기가 분리된 것은 어머니의 양육 방식 때문이 아니라 어머니와 함께 사는 파트너의 공격적 행동이 원인이 된 경우가 많다. 불안하고 빈곤한 삶이 어머니에게 가하는 마지막 충격은 자녀에 대한 친권을 박탈하는 것이다.

폭력적인 가정이라면 아이는 다른 부모와 함께 사는 것이 더 안전하고 나을 수 있다. 그러나 엄마와 그 자녀가 완전히 단절되어야 하는지는 여전히 의문으로 남는다. 부모와 자녀 모두에게 헤어짐이 최종적이고 절대적인 것이 되면 그 충격은 더 커질 수 있다. 친권을 박탈당한 어머니는 아기를 입양 보내야 했던 미혼모보다 그나마 낫다고 생각할지 모르지만, 이들의 모성 박탈 경험 역시 과거 미혼모가 그랬던 것처럼 안타까운 것이다. 아기를 죽음으로 잃는 것도 힘들고, 입양으로 잃는 것도 힘들다. 그리고 몇 년 동안 함께 살아온 자녀를 자신의 의지에 반해 빼앗기는 것 역시 고통스러운 일이다.

도움이 되는 단체와 연락처

BAAF (British Agencies for Adoption and Fostering)
11 Southwark Street, London SEI IRQ
Tel: 071-407 8800

Natural Parents' Support Group
Jan Hanmer, 3 Alder Grove, Normanton, W Yorks WF6 ILF

NORCAP (National Organization for the Counselling of Adoptees and Parents)
3 New High Street, Headington, Oxford OX3 5AJ
Tel: (0865) 750554 (Mondays, Wednesdays, Fridays)

Post-Adoption Centre
8 Torriano Mews, Torriano Avenue, Kentish Town, London NW5 2RZ
Tel: 071-284 0555

Contact Register
General Register Office (Adoption Section), Smedley Hydro, Trafalgar Road, Southport, Merseyside PR8 2HH

참고문헌

ARMS, SUZANNE (1975) *Immaculate Deception: A New Look at Women and Childbirth*. Boston: Houghton Mifflin.
ARMS, SUZANNE (1983) *To Love and Let Go*. New York: Knopf.
ARMS, SUZANNE (1990) *Adoption: A Handful of Hope*. Berkeley, California: Celestial Arts.
BENET, MARY KATHLEEN (1976) *The Character of Adoption*. London: Jonathan Cape.
BRIDGES, YSEULT (1956) *How Charles Bravo Died*. London: Jarrolds.
BURNELL, G., and NORFLEET, M. (1979) "Women who place their infant for adoption: a pilot study", *Patient Counselling Health Education* I, pp.169-172.
CARTER, APRIL (1988) *The Politics of Women's Rights*. London and New York: Longman.
CHEETHAM, JULIET (1977) *Unwanted Pregnancy and Counselling*. London: Routledge & Kegan Paul.
COLLINS, B.G. (1986) "Defining feminist *social work*", Social Work, May-June.
DEYKIN, EVA Y., CAMPBELL, LEE, and PATTI, PATRICIA (1984) "The postadoption experience of surrendering parents", *American Journal of Orthopsychiatry* 54 (2) April.
EHRLICH, HENRY (1977) *A Time to Search*. New York and London: Paddington Press Limited.
FISHER, FLORENCE (1973) *The Search for Anna Fisher*. New York: Arthur Fields Books.
GILL, DEREK (1977) *Illegitimacy, Sexuality and the Status of Women*. Oxford: Blackwell.
GILLIGAN, C. (1982) *In a Different Voice: Psychological Theory and Women's Development*. Cambridge, Mass: Harvard University Press.
GOFFMAN, ERVING (1963) *Stigma: Notes on the Management of a Spoiled*

Identity. Englewood Cliffs: Prentice Hall (Harmondsworth: Penguin Books, 1968).

GOODACRE, IRIS (1966) *Adoption Policy and Practice*. London: Allen & Unwin.

GORDON, TUULA (1990) *Feminist Mothers*. London: Macmillan.

GOUGH, DONALD (1971) "Adoption and the unmarried mother" (originally written in 1961) in Tod, Robert, ed., *Social Work and Adoption*. London: Longman.

HELMRATH, THOMAS A., and STEINITZ, ELAINE M. (1978) "Death of an infant: parental grieving and the failure of support", *The Journal of Family Practice*, 6, 4.

HOUGHTON REPORT (1972) *Report of the Departmental Committee on the Adoption of Children*. London: HMSO.

INGLIS, KATE (1984) *Living Mistakes: Mothers Who Consented to Adoption*. Sydney: George Allen & Unwin.

ITV (1990) *Somebody's Children: Losing*, 26 April (television programme).

JONES, W.C., MEYER, H.J., and BORGATTA, E.F. (1966) "Social and psychological factors in status decisions of unmarried mothers" in Roberts, Robert W., ed. (1966).

KELLMER-PRINGLE, MIA (1972) "Making adoption better", *New Society*, 29 June, vol.20, no.509.

KIRK, DAVID, and McDANIEL, SUSAN A. (1984) "Adoption policy in Great Britain and North America", *Journal of Social Policy*, vol. 13, no.1, pp.75-84.

KRONICK, JANE COLLIER (1966) "An assessment of research concerning the unmarried mother" in Roberts, Robert W., ed. (1966).

LASLETT, PETER (1980) "Introduction: comparing illegitimacy overtime and between cultures" in Laslett, Peter, et al., eds. (1980).

LASLETT, PETER, OOSTERVEEN, KARLA, and SMITH, RICHARD M., eds. (1980) *Bastardy and its Comparative History*. London: Edward Arnold.

LIFTON, BETTY JEAN (1979) *Lost and Found: The Adoption Experience*. New York: Dial.

LIGHTMAN, E., and SCHLESINGER, B. (1982) "Pregnant adolescents in maternity homes" in Stuart, Irving R., and Wells, Carl F., eds. (1982).

MACFARLANE, ALAN (1980) "Illegitimacy and illegitimates in English history" in Laslett, Peter, et al., eds. (1980).

MACINTYRE, SALLY (1977) *Single and Pregnant*. London: Croom Helm/ Routledge.

NAGEL, T. (1979) "Moral Luck" in Nagel, T., *Mortal Questions*. London: Cambridge University Press.

PAUKER, J.D. (1969) "Girls pregnant out of wedlock" in *Double Jeopardy, The Triple Crisis, Illegitimacy Today*. New York: National Council on Illegitimacy.

PINCHBECK, I. (1954) "Sexual attitudes to problems of illegitimacy", *British Journal of Sociology*, no.5, p.309.

RALL, MARY E. (1961) *Casework with Parents of Adolescent Unmarried Mothers and Potential Unmarried Mothers*. New York: Child Welfare League of America.

RAYNOR, LOIS (1971) *Giving up a Baby for Adoption*. London: Association of British Adoption Agencies, November.

REICH, DIANA (1988) *Working with Mothers who Lost a Child through Adoption*. London: Post-Adoption Centre, Discussion Paper.

ROBERTS, ROBERT W. (1966) "A theoretical overview of *the unwed mother*" in Roberts, Robert W., ed., *The Unwed Mother*. New York: Harper & Row.

ROCKEL, JENNY, and RYBURN, MURRAY (1988) *Adoption Today: Change and Choice in New Zealand*. Auckland, New Zealand: Heinemann Reed.

ROLL, SAMUEL, MILLEN, LEVERETT, and BACKLAND, BARBARA (1986) "Solomon's mothers: mourning mothers who relinquish their children for adoption" in Rando, Therese A., ed., *Parental Loss of a Child*. Illinois: Research Press Co.

RYNEARSON, EDWARD K. (1982) "Relinquishment and its maternal complications: a preliminary study", *American Journal of Psychiatry*, March.

SACHDEV, PAUL (1989) "The triangle of fears, fallacies and facts", *Child Welfare*, vol. LXVIII, no.5.

SEGLOW, J., PRINGLE, M., and WEDGE, P. (1972) *Growing Up Adopted: A Long-term National Study of Adopted Children and Their Families*. Windsor: NFER.

SHAWYER, JOSS (1979) *Death by Adoption*. Auckland, New Zealand: Cicada

Press.
SOROSKY, ARTHUR D., BARAN, ANNETTE, and PANNOR, REUBEN (1978) *The Adoption Triangle*. New York: Anchor Press/Doubleday.
STEARNS, ANN KAISER (1989) *Coming Back*. London: Methuen.
STUART, IRVING R., and WELLS, CARL F., eds. (1982) *Pregnancy in Adolescence: Needs, Problems and Management*. New York: Van Nostrand Reinhold.
TIZARD, BARBARA (1977) *Adoption: A Second Chance*. London: Open Books.
TRISELIOTIS, JOHN (1973) *In Search of Origins*. London: Routledge & Kegan Paul.
TRISELIOTIS, JOHN (1989) "Some moral and practical issues in adoption work", *Adoption and Fostering*, vol.13, no.2, pp.21-27.
VAN KEPPEL, MARGARET (1986) "How dare they? The experiences of women who have relinquished children for adoption and the tasks of intervention" (paper presented at the 4th National Women and Therapy Conference, Perth, Australia, 11 and 12 August).
VINCENT, CLARK E. (1966) "The unwed mother and sampling bias" in Roberts, Robert W., ed. (1966).
WALBY, CHRISTINE, and SYMONS, BARBARA (1990) *Who am I?* London: BAAF.
WEIR, S. (1968) *A Study of Unmarried Mothers and their Children in Scotland*. Edinburgh: Scottish Home and Health Department.
WELLS, CARL F. (1982) "Introduction" in Stuart, Irving R., and Wells, Carl F., eds. (1982).
WINKLER, ROBIN, and VAN KEPPEL, MARGARET (1984) *Relinquishing Mothers in Adoption: Their Long-term Adjustment*. Melbourne, Australia: Institute of Family Studies.
YELLOLY, MARGARET (1965) "Factors relating to an adoption decision by the mothers of illegitimate infants", *Sociological Review*, vol.13.
YOUNG, LEONTINE (1945) "Personality patterns in unmarried mothers" in Roberts, Robert W., ed. (1966).
YOUNG, LEONTINE (1954) *Out of Wedlock*. New York: McGraw Hill.

찾아보기

강제 입양 시대 10
개방 입양 41, 143, 218
결혼 밖 출생 19
결혼 제도 10, 15, 19, 22, 25, 72, 157
고아 17, 27
고프, 도널드Donald Gough 160~161
고프먼, 어빙Erving Goffman 65, 114
고프먼: 망가진 정체성 65
구데이커, 아이리스Iris Goodacre 161
근대적 입양 10, 16
긍정적 입양 언어 15
길, 데렉Derek Gill 25, 35
낙인 10~13, 19~20, 31~32, 39, 65, 115, 149, 153, 165, 178, 188, 216, 223
네이글, 토머스Thomas Nagel 44
도덕적 운 44
라이번, 머레이Murray Ryburn 59, 122, 143
라이트먼, E.E. Lightman 33
라이히, 다이애나Diana Reich 57
랄, 메리 E.Mary E. Rall 29
로버츠, 로버트 W.Robert W. Roberts 31
로켈, 제니Jenny Rockel 59, 122, 143
리너슨, 에드워드 K.Edward K. Rynearson 85
리프턴, 베티 진Betty Jean Lifton 154

매킨타이어, 샐리Sally Macintyre 35, 45
모성 87, 157~158, 217, 219, 224~225
미혼 임산부 47, 60~63, 65, 67, 76~81, 85~86, 87~88, 114, 151, 184
미혼 임신의 동기 29
미혼모를 둘러싼 사회 문화적 맥락 20
미혼모의 부모 72
아기를 입양 보낸 미혼모 101, 114, 122~123, 125
양육 미혼모 33, 163
미혼모 서사 59
미혼모 시설 36, 60, 77~79, 86, 160, 170, 186
베넷, 메리 캐슬린Mary Kathleen Benet 26, 37~40
보호 출산제 12
빅토리아 시대 24~26
빈민법Poor Law Act 21~23, 26
빈센트, 클라크 E.Clark E. Vincent 31, 36
사생아 19~28, 31~32, 35~36, 39~40, 45, 137, 145, 149, 216
사회복지사 11, 60, 94, 96, 146, 152, 163~164, 170, 177, 183~184, 189, 193, 223~224

생모 17
소로스키, 아서 D.Arthur D. Sorosky 59
쇼여, 조스Joss Shawyer 56, 59, 80, 91, 124, 145
암스, 수전Suzanne Arms 88, 148
슐레진저, B.B. Schlesinger 33
스타이니츠, 일레인Elaine Steinitz 50
싱글맘 152
아기 아버지 33, 60, 63, 83~84, 134, 184
아기 퍼가기 시대 10
아동법Children Act 149, 153, 173, 198, 213, 215
아동 복지 11~13, 18
안전한 피난처 법Safe Haven Law 12
연장아 224
영, 리언틴Leontine Young 29
옐로리, 마거릿Margaret Yelloly 32
『오늘날의 입양』Adoption Today 59
'우리는 누구인가 Who We Were 59, 178
윙클러, 로빈Robin Winkler 48~49, 51~52, 123
입양 가정 13, 154, 191~192, 216
입양 가족 16, 37, 191~193, 209~210, 213, 224
입양 관행 37, 39~40, 42, 55
『입양 동의, 돌이킬 수 없는 실수』Living Mistakes: Mothers Who Consented to Adoption 56
입양 부모 7, 9, 16~17, 27, 31, 34, 37, 40, 57, 142~143, 148~150, 152~153, 155, 176~177, 190, 192, 194, 199~201, 207, 209, 213, 221, 224
입양 사후 지원 센터Post-Adoption Center 7, 10~11, 164, 166, 170, 178~179, 197, 210
입양 삼자 모델 10~11, 16, 152, 164, 195
『입양, 상실, 죽음』Death by Adoption 56
입양 실천 19~20, 39~40
입양 아동 수 20, 32
『입양의 특징』The Character of Adoption 37
입양 정보 접근권 192
『입양 정책과 실천』Adoption Policy and Practice 161
입양 종사자 30
입양 합법화 27
입양 상담사 7, 130~131, 166~167, 168~172, 175~178, 180, 182, 195~197, 199~200, 203, 206, 221
입양모 17, 110, 154~155, 190, 205, 207
입양법 26~27, 145, 162, 198
입양인과 부모 상담을 위한 전국 기구NORCAP: National Organization for the Counselling of Adoptees and Parents 191, 214
입양인-친생 가족 등록부The Adoption Contact Register 215
『입양 트라이앵글』The Adoption Triangle 16, 56

잉글리스, 케이트Kate Inglis 47, 56, 59, 83
정신의학 27~28, 31, 36
진실한 입양 언어 15
추정 친부 17, 22
출생 정보 154
친모 17
친생 부모 7,
친생모 7, 10
침묵의 음모 50~51, 54, 105~106
커티스 위원회 보고서Curtis Committee Report 149
케펠, 마거릿 반Margaret van Keppel 48~49, 51~52, 54, 123
크로닉, 제인 콜리어Jane Collier Kronick 33~34

트리셀리오티스, 존John Triseliotis 32, 154
티자드, 바버라Barbara Tizard 21, 37
페미니즘 156~157, 222
피셔, 플로렌스Florence Fisher 154
핀치벡, I.I. Pinchbeck 20~21
허스트 위원회Hurst Committee 162
헬름라스, 토머스Thomas A. Helmrath 50
혼외 성관계 21, 31, 41, 152
혼외 출산 16, 18, 23, 28, 31, 35~36, 45, 151, 153, 165
혼외 출생아(혼외자) 19, 21, 26, 31, 36, 45
휴튼 보고서Houghton Report 27